U0103144

提要與總目

中國民間信仰資料彙編　第一輯／王秋桂，李豐楙主編--
臺北市：臺灣學生，民 78
31 冊；21 公分
ISBN 957-15-0017-8（精裝）：新臺幣 20,000 元

1.信仰-中國-叢書　2.民間傳說-中國-叢書　I 王秋桂主編　II 李豐楙主編
272.08/8494

中國民間信仰資料彙編　第一輯

王秋桂　李豐楙　主編

出版者：臺灣學生書局
發行人：丁文治
發行所：臺灣學生書局
臺北市和平東路一段一九八號
郵政劃撥帳號〇〇〇二四六六～八號
電話：三六三四一五六
本書局登記證字號：行政院新聞局局版臺業字第一一〇〇號
印刷所：明國印製有限公司
地址：台北市桂林路二四二巷五七號
電話：三〇八九八二〇
香港總經銷：藝文圖書公司
地址：九龍又一村達之路三十號地下後座
電話：三－八〇五八〇七
（全三十一冊）定價精裝新臺幣二〇〇〇〇元
中華民國七十八年十一月景印初版
27203

ISBN 957-15-0017-8（套）

中國民間信仰資料彙編

附索引

第一輯

提要與總目

中國民間信仰資料彙編前言

王秋桂

民間信仰是廣泛而普遍存在於一般民衆的日常信仰。這種信仰的對象可以是無生物，如日、月、星辰，山、石、水、火；可以是生物，如動植物；也可以是超自然的鬼神。另外，這種信仰也可不必有特定的對象，而只是一種傳統的習俗觀念。民間信仰除表現在日常生活和歲時節日的行事，較突出的可見於祭拜、占卜、禁咒等需要特殊儀式的行爲。

在中國，民間信仰除承襲遠古的巫術信仰外，和通俗化的佛教及道教有極密切的關係。這些信仰長久以來支配中國人民的生活。雖然有許多信仰被視爲迷信，但其中亦有一些「俗信」反映合理的傳統習慣，甚至含有民間智慧和民間幽默。民間信仰和基於此種信仰表現的行爲一直被視爲下層文化。但事實上，上層階級的知識分子自古以來亦多有浸淫於此種文化者，如占卜術數的影響幾乎遍及社會的每一階層。

民間信仰一方面有它們的傳承性，一方面它們也隨時間、地域、經濟等因素而變。不同的社會階層也會產生不同的民間信仰。反映這些信仰而最容易爲研究者所直接觀察到的是民間的習俗。但民間

文學和各種史料中也保存不少有關民間信仰的資料。

本彙編的目的在於將有關中國民間信仰的文獻資料，就特殊專題加以整理編訂，分輯出版，以方便研究中國民俗及社會者參考。凡佛藏、道藏及其他專類叢書已收者，原則上不再輯入。第一輯之專題爲歷代的仙傳；第二輯爲碑刻中所藏的民間信仰資料；第三輯爲寶卷叢刊。以後各輯視資料之搜集及整理情況另列出版計畫。歡迎讀者惠示高見。

目次

中國民間信仰資料彙編前言……一
中國民間信仰資料彙編第一輯提要……一一二七
一、新編連相搜神廣記……一
二、三教搜神大全……三
三、新刻出像增補搜神記大全……四
四、廣列仙傳……五
五、列仙全傳……七
附錄一：列仙圖贊……八
六、仙佛奇蹤……九
七、仙媛紀事……一一
八、歷代神仙通鑑……一三

九、繪圖歷代神仙傳……………………一五
十、神考……………………………………一七
十一、釋神…………………………………一八
十二、鑄鼎餘聞……………………………二〇
十三、新義錄………………………………二一
十四、集說詮眞……………………………二二
十五、集說詮眞續編………………………二三
十六、集說詮眞提要………………………二三
十七、古今圖書集成神異典・神仙部……二四
附錄二：大千圖說…………………………二五
附錄三：破除迷信全書……………………二六

中國民間信仰資料彙編第一輯總目

一、新編連相搜神廣記……………………一—四
二、三教源流聖帝佛祖搜神大全…………一—九

三、新刻出像增補搜神記大全……………………………………………………一—一一
四、廣列仙傳………………………………………………………………………一—一九
五、有象列仙全傳…………………………………………………………………一—三六
附錄一：列仙圖贊……………………………………………………………一—七
六、月旦堂仙佛奇蹤合刻…………………………………………………………一—二
七、新鐫仙媛紀事…………………………………………………………………一—三
八、歷代神仙通鑑…………………………………………………………………一—四
九、繪圖歷代神仙傳………………………………………………………………一—三
一〇、神考…………………………………………………………………………一—三
一一、釋神…………………………………………………………………………一—七
一二、鑄鼎餘聞……………………………………………………………………一—三三
一三、新義錄………………………………………………………………………一—一〇
一四、集說詮眞……………………………………………………………………一—一五
一五、集說詮眞續編………………………………………………………………一—一三
一六、集說詮眞提要………………………………………………………………一—一六

一七、古今圖書集成神異典・神仙部……………………………………………………一一三〇
附錄二：大千圖說…………………………………………………………………………一一八
附錄三：破除迷信全書……………………………………………………………………一一三一
後記……………………………………………………………………………………………一

中國民間信仰資料彙編 第一輯 提要

李豐楙

一、新編連相搜神廣記

《新編連相搜神廣記》前後二集，題「淮南秦子晉」撰，現有一本藏於北京圖書館。撰者生平不詳，其刊刻流傳的情形亦不能詳悉。有關搜神記的早期版本，目前所知有毛晉（西元一五九七—一六五九）汲古閣舊藏本，晉子扆（一六四〇—一七一〇）曾著錄於《汲古閣珍藏秘本書目》子部類中，註明「凡三教聖賢及世奉衆神皆有畫像，各考其姓名、字號、爵里及封贈諡號甚詳，亦奇書也。」汲古閣藏書散佚後，此一珍本亦隨之流散。其後葉德輝及其友人金蓉鏡曾見諸北京書肆，因卷首有毛氏印記，確定爲汲古閣舊藏的「元板畫像搜神廣記前後集」（重刊三教搜神大全序、後序）。北京圖書館所藏者可能爲同一版本。鄭振鐸以爲元板，但傅增湘認爲秦子晉是明人。

搜神廣記之爲民間通行的搜神類書，與一般釋、道中人所編撰的教內諸神傳頗有異趣，最主要的就是其中反映的融合三教的宗教意識。前後兩集中，前集收錄廿一位，附收四位，後集則收錄卅二位，總共五十七位之多。除卷首的三教源流，其中的排列次序大體按照道教諸神（從玉皇上帝至四瀆）、

釋教諸神（從泗州大聖到盧六祖）。此下除少數的道教神仙及釋家人士，大部分屬於山川、時祀、方祀、土祀等，符合儒家崇德報功的精神。凡此三教聖賢及世奉衆神的信仰型態，正是中國民間宗教信仰的特質。

此一搜神類書的編成和流傳，所以被認爲在元朝或近於元板，主要的證據就是傳文中所載的封贈謚號均止於元，且一律稱爲「聖朝」。此外還有一件値得注意的事，就是它與勃興於宋、元的朝元仙仗圖的密切關係：其一是作爲第一大組的諸神，從玉皇上帝以下，依尊卑次序排列，至於五嶽、四瀆，正與朝元仙仗圖的主要神祇相符—它是道教宮觀常見的壁畫（如山西永樂宮）。編撰者依照次序編輯成組，且置於釋、儒等神之前，反映當時民間所習見的神仙世界。二是此本連相的揷畫風格，除三教源流作坐像外，其餘均爲朝元仙仗的行進圖，諸神多有侍從持幡隨行，且行於雲中。此一版畫風格與民間畫匠所遺的白描朝元圖頗爲一致。四瀆神以下，也仿照朝元圖畫風。類此版畫與明代通行的兩種刊本（西天竺藏板七卷本、富春堂刊六卷本）大爲不同；後者都採取明人仙傳常見的每幅獨立的立像或坐像。所以此本應是近於元板的早期刊本。

惟此本並非每一神俱有畫像，像附錄諸神，或相關諸神（如南嶽、西嶽合而爲一），以及傳文較短的（如袁千里、福神）均無圖像，因此總共只有四十幅。由此可見民間刊刻通俗讀物的因陋就簡的情況。此外，此本有前集、後集，是否尙有續集、別集，書闕有間，只有俟諸來日的新發現。但無疑

的，此一早期刊本在研究宗教史、版畫史上，確是珍貴的史料。

二、三教搜神大全

《三教搜神大全》七卷，全題作「三教源流聖帝佛祖搜神大全」。日本內閣文庫藏有一明刊本，卷末有「西天竺藏板」字樣，屬於七卷本的早期刊本，本彙編所收的卽是此本。與此本內容相似的有葉德輝宣統元年（一九〇七）郎園校刊本，所依據的是江陰繆荃孫舊藏的「明刻繪圖本」（重刊三教搜神大全序）。惟其中間有闕頁（如三茅眞君、吳客三眞君）及圖文不符（如后土皇地祇），可據此本補正。不過此本原缺二頁，本彙編以葉德輝刊本補齊。此外，日本宮內廳書陵部藏有一四知館楊麗泉的晚明刊本，也屬於七卷本。

此本凡分七卷，收錄元、明民間信仰的諸神。前半部分，也就是卷四紫姑神以前，與《新編連相搜神廣記》前後集，諸神排列次序完全相同，傳文也大體一樣，僅有部分在傳末多出格聯、贊詩而已。另外版畫風格也有異趣。後半部分約有三卷多，依次爲道、釋及其他祀神。道教神有數達二十五位的元帥（從卷四後半到卷五大半）及張天師等（在卷六）；前者屬於道教的護法神。釋教諸神約有二十三位（從卷五末到卷七首）。葉德輝考出「諸僧記載悉本永樂御製神僧傳一書，文句都無所改竄」。（搜神大全後序）其餘諸神，屬於天地、山川、方祀、土祀等，多收在卷七；卷四則有大奶夫人、天

妃娘娘等重要地方神的史料。凡此七卷，三教諸神總共一百三十餘，其中仍以崇德報功的各種祀神爲最多，道教（約四十餘）佛教（約三十左右）則佔半數有餘。類此一崇拜現象所反映的，正是民間社會的宗教意識，所以是一部通俗的搜神類書。

此本的編成，葉德輝說是「明人以元板畫像搜神廣記增益繙刻」，並舉書中皇明年號證之（後序）。此本所據爲元板，這可從前半所保存的「聖朝」（指元），與《新編連相搜神廣記》完全一致獲得證明。但後半就有些增益的痕跡：一是「大元」之例。如蕭公爺爺，晏公爺爺，或如五雷神條，直書爲「元」；均與稱爲聖朝的不類。二是有關明朝的稱呼。或作「本朝」，如洋子江三水府；或稱「皇明」，如蕭公、晏公。三是習用「今」如何的筆法，如張天師、海神之例。凡此均足以證明明人確有新增之處。而且值得注意的是新增的年號，多在明初，如洪武、永樂之類，均有助於今人推知其增補新編的時代，也不至於晚到明末。

三、新刻出像增補搜神記大全

《新刻出像增補搜神記大全》六卷，有日本內閣文庫所藏的金陵唐氏富春堂的明刊本。此本有羅懋登萬曆廿一年（一五九三）序，說明三山富春堂的搜神記能「增于所未備」；而且此一增補本，是「列以卷，別以類，且繪以卷」，爲一經過整理的本子。張國祥奉旨續修《道藏》時，卽收入此一增

補本，題作「搜神記」，有傳無圖，時爲萬曆三十五年（一六〇七）。同一版式有高羅佩舊藏的覆刻本，將羅序改置於「江陵徐宏祖霞客」的名下，完全是書商賈利所爲。

此本所增補的，其方式與西天竺藏板的七卷本頗有不同，就是新的分卷，是按照神的性質重作調整，並重新增補。惟它所依據的祖本爲何，羅序並未說明。將此本與七卷本比較，就可發現其特色：就是每卷中增補的神多頗爲集中。卷一太乙以下三位；卷二張果老以下七位；卷三釋教神並不少，共十三位，金剛等有五位，另有洞庭君等七位；卷四有西楚霸王等十一位；卷五有三十一位；卷六有十三位。凡此均可見其增補之跡。二是新增的行文體例。由於取材所自多爲唐、宋人的筆記、文集等，且常引述詩句，因而與《新編連相搜神廣記》的筆法大有異趣，也與搜神大全七卷本不同。三是年號常出現「本朝」，表明是明朝的封贈；但其中四瀆神，七卷本以聖朝稱元，此本也逕改作「本朝」，就有問題。富春堂所增的頗出搜神廣記與搜神大全之外，其中多方祀、土祀，確可提供另一批重要的宗教史料。所收諸神總數達一百五十五之多，確實可觀。

四、廣列仙傳

《廣列仙傳》七卷，明張文介輯錄。現存有日本內閣文庫藏萬曆十一年（一五八三）刻本。張文介，龍游人，字惟守，號少谷，工詩，爲盛明十二家之一。此本有張氏自序，說他夙事辭林，晚躭玄

理，習靜山中，澹然無事，因而有輯錄仙傳之事。其輯錄動機，是「因念劉向、陶弘景二神仙傳所載，僅漢、晉以上人，而六朝逮今闕焉，讀者少之。迺捜羣書，并二傳，舊所載者，共得三百四人，合而梓之」。序後列有「採輯羣書書目」，有列仙傳、神仙傳，即是序所說的「二傳」；但陶弘景應爲「葛洪」之誤。書目中的「神仙通鑑」，應指趙道一所編撰的《歷世眞仙體道通鑑》，是他採錄最多的一種。

此本的分卷大體按照時代先後爲序，惟其中有部分神仙間有出入：卷一多漢以前的古仙；卷二多漢人成仙者；卷三、卷四多六朝仙；卷五除首數位，多爲唐朝仙；卷六則收唐至北宋末、南宋初；卷七則前大部分以金元時期金丹派南北宗爲主，止於莫月鼎；至於張三丰以下七位則屬明朝仙。最末的一位王曇陽，採用王世貞所撰的王曇陽傳（惟此本有闕頁，本彙編以仙媛紀事卷八曇陽子傳所收王氏原文補正）。張氏在莫月鼎之前，對趙道一的仙鑑有所取捨；但莫月鼎以下能自行增補，確是他的貢獻。類此貫串古今的仙傳集，在神仙史的史料上具有里程碑的作用，所以萬曆二十八年（一六〇〇），汪雲鵬就在此本的基礎上加以擴大增輯，編成《列仙全傳》。汪書風行而張書隱晦，世人反多不知《廣列仙傳》實爲其先導。

此本的板刻，淸楚而美觀，但有傳文而無圖像；而汪雲鵬則請徽派名手配以精美的版畫。這也是《列仙全傳》後出轉精而能風行久遠的原因。惟張文介刊刻此本，也有殊勝之處，就是仿傚時人的批

語形式，在書眉時作簡短的批語，點明傳文的重點。汪氏則悉數刪落，殊爲可惜。又此本內閣文庫藏本的卷七，裝訂略有小誤：卷目上，劉益下漏列「石坦」、「孔元」二仙，應予補上；另外「昌季」應是「洪志」，應予改正。而劉益以下，傳文裝訂時前後失序，本彙編均對照趙道一《仙鑑》一一調整，特別在此說明。

五、列仙全傳

《列仙全傳》九卷，前八卷署「吳郡王世貞輯次新都汪雲鵬校梓」、卷九署「汪雲鵬輯補」。書前有署名「濟南李攀龍撰」序，新都汪雲鵬書；書後有萬曆庚子（一六〇〇）汪雲鵬後序。此本所標明的王世貞輯、李攀龍序，均未見於王氏著述目錄或李氏文集中，實有可疑；其次刊刻於萬曆二十八年，上距王、李之死已有一段時日，很可能是汪雲鵬假借王、李的盛名以刊刻牟利。據汪氏後序，提及神仙諸傳，「國朝文章巨公復加探討，丹青逸史，妙訪形神」，而這些卷帙海內亦罕見聞，所以他才得而合梓之。其中最具關鍵的就是張文介刊刻於萬曆十一年（一五八三）的《廣列仙傳》。其實汪氏說合而梓之只是飾說之辭，根本就是據以改編，然後託於王世貞的名下；同時也將張文介的序略加更易數字，就署名李攀龍撰。

汪雲鵬的改編、增輯，基本上是據《廣列仙傳》的規模加以擴充，將原來的七卷編成八卷，其中

有調整次序，也有補充及删落，仍然是按朝代次序，上起上古，下迄明代弘治末年。他所補遺的最末一卷，也是按時代先後而列。總共所收的多達五百八十一位，確實較張文介所錄的三百餘位多出不少，因而這部集大成的仙傳一出，就成爲當時最通行的一種。其次就是汪氏所標榜的「有象」特色，他的書舖「玩虎軒」，刊行有精美插圖的戲曲。此書插圖由徽派名手黃一木擔任，刻工雋秀而精巧，屬於典型的徽派風格，在中國的版畫史上也是代表作之一。此書一出，圖文並茂，所輯的神仙內容豐富，時代也最近，故成爲現存同類書籍中流傳最廣的一種，有多種刊本行世。因而影響後世神仙傳記集的編撰也最大。本彙編卽據中華書局印鄭振鐸氏所藏原刻白棉紙初印本，爲所知傳本中最好的、是值得治中國宗教史、版畫史者多加注意的史料。

附錄一：列仙圖贊

《列仙圖贊》，日本和尚月仙上人所繪。有繪者自序、淡海竺常題辭及九臯散人川諏識語。序作於安永庚子（一七八〇）——卽清高宗乾隆四十五年，說明其作畫所資，是「取之列仙傳」，又「題以短辭」，凡此圖、贊所使用的「列仙傳」，指的就是汪雲鵬託名於王世貞所輯的《列仙全傳》。上人序言「編凡九卷，今所刻三之一」，書中另行繪刻的版畫，竺常說是上人「間者讀列仙之傳，換其故圖，出以新意。一一描其狀態，冠以短言」。短言的贊語是仿劉向列仙傳的四言贊體，而新繪的圖

像則具有東洋畫風，在徽派風格外另行表現日本藝匠的版畫趣味。其中大多能表現新意，替換故圖。大體說來一仙一圖的變動較少；至於二仙同在一圖的，像古丈夫、毛女，就只保留古丈夫；至於蕭史、弄玉也被分爲二圖，就違反原意。上人所繪的有所選擇，並未全部繪刻，像洪厓先生就被刪略。此外所題的仙名與題辭，間有小誤，可比對《列仙全傳》加以改正。總之，此本繪成於日僧之手，流傳東瀛，亦可作爲《列仙全傳》的補充資料。

六、仙佛奇蹤

《仙佛奇蹤》八卷，明洪應明撰。月旦堂刻板陶氏重印本。此本凡分仙、佛兩部，各有四卷，其前各有袁黃、馮夢禎所撰的仙引、佛引。應明字自誠，號還初道人，里貫未詳。四庫提要嘗著錄此書（子部小說家存目二）。此外洪氏又撰《菜根譚》一種，闡述其隱退應世的思想，極爲風行。袁黃（一五三三—一六〇六）號了凡道人，亦撰通俗勸善讀物，如「了凡四訓」之類；馮夢禎（一五四六—一六〇五）亦以氣節倡。二者俱爲活躍於萬曆年間的文士。據袁序知應明爲「新都弟子」，新都卽汪雲鵬，萬曆二十八年（一六〇〇）曾校輯刊行《列仙全傳》，故仙傳多取材於此一仙傳集。又據馮序，言其「幼慕紛華，晚棲禪寂，緣是遡諸佛菩薩，而爲之傳其神，紀其事」，可知佛傳編成於晚年。萬曆年間仙傳集紛出，此書的纂集亦爲同一風尚下的產物。

此本標目分作列仙總目、佛祖總目：前者四卷，前三卷輯神仙傳記，共五十五篇，每篇附圖，多屬隱逸修道者，尤其八仙及金丹派陳泥丸、白玉蟾、馬鈺等，爲南、北宗的名道士。四卷長生詮，摘錄丹經的語錄、口訣，作爲練丹養生之用。後四卷中，前三卷輯佛家傳記，共五十四篇，每篇亦附圖：卷五自釋迦牟尼至鶴那尊者屬西竺佛祖；卷六、七自菩提達摩至法明和尚，屬中華佛祖。卷八無生訣，摘錄佛祖的精要法語，尤多禪師悟道之言，確能表明洪氏耽於「禪寂」的心境。此本稱爲「合刻」，據四庫提要「考釋、道自古分明，其著錄之書亦各分部，此編兼採二氏，不可偏屬」，可知早期就合爲一編，表明洪氏融合釋、道，正是明代三教合一的思想趨向。惟將仙紀、佛篇合於一書，並題明「仙佛奇蹤」，則是晚明仙傳集中別具風格的一種，爲具有特色的宗教史料。

惟此一八卷本，與四庫提要所著錄的內府藏本四卷本不同。四卷本編成於萬曆三十年（一六〇二），上距汪雲鵬刊刻《列仙全傳》僅差二年，當爲初刻本；而張國祥續修道藏卽予收錄（槐一至槐四），時爲萬曆三十五年（一六〇七），當卽據初刻本。提要載仙傳部分，「老子至張三丰六十三人，名曰消搖墟；末附長生詮一卷」。正與續道藏「消搖墟經」、「長生詮經」的標目、分卷及篇數符合；惟佛事「載西竺佛祖自釋迦牟尼至般若多羅十九人，中華佛祖自菩提達摩至船子和尚四十二人，名曰寂光境」，張國祥以體例不合未予收錄；但卻收錄「無生訣經」。提要又言「仙佛皆有繪像」，道藏本悉數刪除。比較道藏本與八卷本，可知後者刪略多篇，亦增添一小部分，故知爲後人改

編之本。又此書有多種傳本：日本內閣文庫藏萬曆太和館刊本；另有月旦堂刻本，陶湘於民國二十年取與菜根譚合刊，題爲「還初道人著書二種」。

本彙編卽據道藏本予以增補：凡補仙傳八篇：王子喬、太上老父、劉海蟾、黃安、浮丘伯、廱衣子、葛仙翁、張三丰；長生詮部分，八卷本僅刊至「導引法」，杜道堅以下全闕，今據補十二處：杜道堅、許眞人、薛眞人、逍遙子、攝生要旨、玄關雜記、內養眞詮、修眞秘錄，多至小參文、冬至詞、玄牝歌、修眞口訣（二四B—三二A，凡十五面）佛傳因道藏未錄，無從補入；而無生訣部分，則八卷本有誤列、漏列兩種情況：誤列者一處，爲慧忠禪師條下，「此法卽心」，「爲有貪嗔癡」，道藏本列於永嘉禪師條下（一二B），特予指明。漏列者凡三處：八卷本無著禪師以下卽接宗一禪師（頁三三五），道藏本則尚有自雪巖禪師至惟寬禪師（一四B—一七A），共漏列十條，此其一；八卷本法爲禪師卽接法常禪師（頁三四三），道藏本則尚有自從諗禪師至法常禪師（一三B—三二A），共漏列二十三條，及法常禪師「佛從無爲來」一句，此其二；八卷本僅至「法眞禪師」（頁三四四），道藏本則尚有法眞禪師「影由」一句，與希明禪師至慧林受師，共漏列五條（三四A—三六B），此其三。增補之後，應已近於原有篇數，可便於參閱。

七、仙媛紀事

《仙媛紀事》九卷附補遺。楊爾曾編撰。臺北中央圖書館藏有明萬曆三十年（一六〇二）草玄居刊本。此本曾經劉承幹嘉業堂收藏，爲一刊刻精美的初刻本。書前有馮夢禎、邵于崙及沈週元諸序；書後有楊爾曾自撰後序。編撰者楊爾曾字聖魯，自號雉衡山人，又號夷白主人。明末浙江錢塘人。其人爲經營書肆或代書肆輯書者，所編輯的書不少，較有名的如《楊家府演義》、《韓湘子傳》及此書，均屬當時通行的通俗讀物。作序諸人俱是萬曆文士，彼此常相過往。馮夢禎（一五四六—一六〇五）即以文章、氣節倡，所作序頗能敍明楊氏的志事，說他「棲神五英之闕，游志八樹之林，孤標物表，飄然欲僊。爰暫輟丹鉛之暇，考索仙宮之籙，起自殷時迄於昭代」。可知楊氏本就有志於遊仙，以山人自居，故編成這部女仙傳記集。

明萬曆間仙傳紛出，先後凡有張文介《廣列仙傳》（十一年）、汪雲鵬《列仙全傳》（三十八年），但這兩種俱兼收男、女仙眞，所以楊氏有意專選一部女仙仙傳，「爰從蕙閣，採擷前芳，紀就仙媛，紹徠後哲」（後序）。這是仙傳集中，唐杜光庭《墉城集仙錄》、元趙道一《歷世眞仙體道通鑑》後集之後，具有集大成性質的女仙傳。所選上自上古，下迄明代。九卷之中，前七卷爲明前；八、九兩卷（補遺除外）則爲明人成仙的。此書並未列出採輯羣書書目，但依明人編輯仙傳的通例，就可發現大多襲用的：其中大部分取材自趙道一的《仙鑑》後集，連注語也多保留；惟有「道一」按語的則予刪除，如蠶女之例。也有部分參用張文介的書，像孫仙姑之例，文筆較爲簡潔。至於明代女

仙，張文介收錄王曇陽，此本亦收此一長傳，並錄存王世懋的書後，獨佔卷八（可補內閣文庫藏本廣列仙傳的缺頁）；而卷九所收劉香姑等三女仙，尤爲明代的近期史料，因此最晚的迄於嘉靖。補遺的部分也多有出於諸仙傳之外的，類此每一新輯仙傳都有增補的情況，正是晚出的仙傳集的貢獻。

此本不僅在仙傳史上具有特色，在刻書、版畫史上也頗有名氣。主要的就是楊爾曾既善於編輯通俗讀物，因而相與合作的刻工也多有名手，相得益彰，成就精美的佳構。此本的刻工黃玉林是新安的黃氏家族。他的鐫刻風格，雋秀而婉麗，版面清新而有變化，最足以表現仙媛的風采，是融合仙畫的飄渺之妙與淑女的端麗之美。因此專就版畫欣賞，也可賞鑑黃玉林轉變徽派風格的代表作。而其刻書，無論字畫、行款，俱屬上乘，故爲仙傳中圖文並茂的傑作。

八、歷代神仙通鑑

《歷代神仙通鑑》凡三集二十二卷，清徐道纂集，程毓奇續成。有康熙三十九（一七〇〇）年致和堂楷字初刻本，雍正、乾隆間又有復致和堂本，行款全同，亦裝二十四册，日本靜嘉堂所藏即此類復刻本。此本首冠康熙三十九年張繼宗序，次爲康熙五十一年繹堂禪師序（復刻時所增），次爲作者徐道自序（後附識語記繹堂賜序事）。此下即爲目錄：首集仙眞衍派卷一至八、二集佛祖傳燈卷九至十六、三集聖賢貫脈卷十七至二十二，除卷二十二爲五節外，其餘每卷九節，共有一百九十四節。目

錄後有「說義十則」，敍明全書纂集的體例。其次附「神仙鑒象」六十頁，凡一百二十幅。日本天理大學另藏一本，扉頁板心刻「歷代神仙通鑑」，上橫署「今古奇觀」，旁題「龍虎山張大眞人，包山黃掌綸先生同訂」；另外先說義十則，再附目錄，是稍有差異之處，其餘全同。後來坊刻又有石印本一種：首頁題「竹橋黃俊署」，次錄張繼宗、徐道序及說義。張序後署「玄宗弟子張道冲」並鈐印，徐序漏刻末尾一小段；說義則刪致和堂本最後一則有關解說評點的體例，故此一本僅留其眉批、總評，而無其他評點的符號。此下又有行草，與石印楷字不同：先是蓮花國比丘冰雪「疏式弁言」，爲致和堂本所無，當爲後加的；其次爲繹堂、徐道、張繼宗序，次序與致和堂本不同。類此行草字迹與《繪圖歷代神仙傳》序相近；而所附圖的風格亦有相近之處，反而與致和堂本不類。此一石印本，二十行，行四十字，有界欄；惟卷二無邊欄，版式不同。末有「辛卯年寅正」五字，當爲補刻。此本當屬晚清後出的本子，亦可見其流行普遍的情況。

作者徐道，生卒、里居不詳，據張繼宗序，說其人爲有道者流，「以惻怛好生爲心，行軒歧之術以濟世」，爲醫中之仙，可知爲一醫者，兼好仙道。此書據自序言，實成於順治乙酉（一六四五）；而程氏則「嗣而潤色之」，達三年之久。作序的張繼宗（一六六七—一七一五）爲龍虎山第五十四代天師，活躍於康熙年間；而批訂者黃掌綸，爲龍溪人，沈潛篤學，尤酷嗜金石文字，也精於詩書畫，康熙中卒。此書卷帙繁富，歷經徐道纂集，程毓奇潤色，始能完成；又有江南淸眞覺姑李理贊、包山

黃掌綸評，可說是集合四人之力成書行世。

此書是採用通俗小說體所纂集的仙傳，基本上是按時代先後爲次序，張序說是「自渾沌之初，至旣判之後，歷代興衰，迄於明紀。凡千萬年之間，異人輩出，羽化登眞者指不勝屈」。將此類異人登仙者要一一編爲一書，確是需要費力經營。說義第一則說明他的纂集原則，就是有感於「諸傳志所載僊佛事溥矣，皆逐位分列，未嘗貫串聯絡……不成大觀」，因而需要將其彙成全集，編年紀月，成爲神話小說體的洋洋巨構。書中固然首以「仙眞衍派」，但也有佛祖傳燈、聖賢貫脈，是兼括三教的宗教意識。這一點說義也有所說解，作者是仍以仙爲主，但佛與神聖也是正義所鍾、爲仙之亞、主之賓，因而也得列於「仙史」中。類此「道無二致，理有同歸」，是作者的宗教觀，也是明、清融合三教的共通傾向，所以書中三教並列，卷數也相當（聖賢卷略少）。作者表明繼張繼宗天師，別菴、繹堂二禪師之後，希望曲阜聖公也能賜序，作爲「三家合參」的三教聖傳，這是極有趣味的宗教、神話小說體仙傳集。

九、繪圖歷代神仙傳

《繪圖歷代神仙傳》二十四卷。書首署「龍虎山眞人、包山黃掌綸仝訂」，並收有自署「康熙庚辰四月朔石園主人書」序，及道光年間「三魚書屋主人識」小序。康熙庚辰（一七〇〇）亦爲另一《歷代神仙通鑑》刊刻的時間，而同訂的龍虎山眞人張繼宗、包山黃掌綸也出現於是書扉頁之上，同屬活

躍於康熙年間的道士、文士。此本撰序的石園主人、三魚書屋主人，其生平事跡不詳；惟兩篇序的行草書跡，與另一晚出的《歷代神仙通鑑》相近；繪圖的風格也有相類之處。據三魚書屋主人序云「是書失傳已久，本坊覓得舊藏家本」付印，因此此本當是書坊翻刻或請人編集成書的。它的成書時間正是晚清道光年間，所以行款、字體與附圖，均與晚清本《歷代神仙通鑑》相類；至於所云失傳已久的本子，是否卽序所說的康熙三十九年之本，則無法證實。此書又有宣統元年（一九〇九）掃葉山房石印本，將卷首兩篇序，删除康熙庚辰的年號，而逕題爲「三魚書屋主人」序；也不錄道光年三魚書屋主人識數字，當是坊賈所爲。

此本序言，表明編撰者的宗教態度，是三教合一，而「盡性命之理」。他認爲「神僊之捷徑，不外鍊形洗心而已」。類此洗鍊身心之法，正是淸代道教金丹道派的養生修眞的方法，其中引述白玉蟾之言，卽是金丹道南宗的性命雙修之說。此書就是依據修形鍊神可以成仙之理選錄一些神仙傳：前二十卷爲男眞（卷二十末西王母除外），後四卷爲女眞（最末附葛玄），總共一八四位。其中的資料來源主要的是趙道一編《歷世眞仙體道通鑑》，也參考其他的筆記等。將男眞置於前，而集中女眞或與女眞有關的事跡於後，也是仿自趙道一的前、後集。書名在扉頁固然是題作「繪圖歷代神仙傳」，惟書中均作「繪圖歷代神仙譜」。一方面是因所選一百八十餘位大體按時代編排，乃精選自仙鑑等書，可作仙譜；另一意義就是神仙畫譜。序稱「將神仙一一繪圖，俾學（者）一目了然」，所以書名特別標

明「繪圖」二字，表明可以有助於修眞者閱讀其傳，觀賞其圖。從其傳文的改寫，較爲精整，又每傳一圖，配置整齊，均可信此部仙傳集可作爲清人重編的具代表性的宗教史料。

十、神考

《神考》上下兩卷，李調元撰。此二卷取自李氏所撰《新搜神記》所附的卷十一、十二，書前有嘉慶二年（一七九七）作者自序。現有萬卷樓藏板的巾箱本，此本世所罕見，聶崇岐（筱珊）曾珍藏其一，後歸路工，袁行雲曾予借抄，本彙編即據此抄本抽出最後兩卷重新排板。李調元（一七三四—一八〇二）字羹堂，號雨村。清四川棉州羅江人。乾隆二十八年進士，歷任吏部考功司主事、文選司員外郎、廣東學政、直隸通永道等職。在直隸通永道任上被誣，戍伊犁，因母老，中途贖歸。從此絕意仕進，隱居羅江，潛心著述。所編以《函海》、《續函海》最著，搜羅四川鄉賢及己作，數達一百五十種之多。晚年並經營[水]園，築有戲臺教戲，曾參與編寫川劇《春秋配》、《花田錯》、《苦節傳》等。

《新搜神記》完成於晚年，有意補干寶《搜神記》之遺。據其自序：「向著神考二十卷，分天地、人物，苦其卷帖(帙)浩繁，因刪爲二卷，但摘取今時各處祭賽之神，而亦以正書參校之，以附於此書之後。」可知原稿極爲繁富，僅存的兩卷，以能反映蜀中風俗的爲主，亦頗符合其晚年著述的一

貫精神。此兩卷中，像忠顯王、梓潼帝君、川主、土主、灌口二郎神等，均爲蜀地的宗教信仰；其他像五顯、魁星等，也多記載當地人祭祀的情況，都是依照自訂的摘取標準而選定。調元學貫古今，兼擅雅俗，既受考證學風的影響，又能關心俗文學，因此以考據法考釋諸神，故稱神考。上承顧炎武、趙翼諸人，下啓姚東升，爲考證諸神的史料。

此兩卷的行文體例，是先引述載籍，再以按語論評。他所徵引的資料中有經史，尤多方志、筆記；更可貴的是有關蜀地信仰的實際紀錄，具有田野調查的眞實情況。像蕭公神、晏公神，明人增補的《搜神記》所載，未曾襲用；而另據《稗史彙編》、《戴冠筆記》等新增資料；又如王靈官、五顯等，也只略及而另有補益。其中引述的通俗讀物，如《翰墨大全》、《大玉匣記》等，均爲日用所及，至今依然流傳。另外，翟灝的《通俗編》也爲李調元所大量引用。而他所作的按語，大體出之以儒家的理性、批判立場，表現清代知識分子的祭祀觀。惟其中多有涉及蜀地信仰的眞實經驗，也能反映地域性信仰的情況。

十一、釋神

《釋神》十卷，姚東升撰輯。手稿本，藏於北京圖書館。姚東升號曉珊，清嘉慶秀水（今浙江嘉興）人。世傳儒業，應尤郡庠生，著有《恒象紀聞》及《惜陰居文稿》、《吟稿日鈔》等。此一稿本

內封有輯者嘉慶壬申（一八一二）春日題記，稱「釋神一册，本在升所輯《丁辛類鈔》中，因《類鈔》尚未告竣，不敢遽爲謄繕，故先錄是册，釐作十卷，聊供譚餘話噱」。可見它原爲《類鈔》中的一種，全書未竟，故先謄錄成册；但猶未能刊行，只有稿本留存。一九二五年魯迅覆信給學生梁繩禕、傳築夫時，說此書與中國神話有關，因而引起世人的注意。後來馬昌儀特別撰文介紹，而這部手稿也經過整理後，正式出版，爲新出的一部研究中國神話、宗教的珍貴史料。

全書有正文十卷，後附名纂，書前有作者自序。序言全書「分爲十門，蒐採史子諸籍，旁及方外」。其分卷次序：一天地、二山川、三時祀、四方祀、五土祀、六吉神、七釋家、八道家、九仙教、十雜神，表現的是儒家的鬼神觀：崇德報功，遍祀天地、山川、四時及社稷諸神，而將釋、道置於後，這是頗異於一般釋、道神仙傳及民間通俗搜神類書之處。換言之，他也搜及三教諸神，但對符合儒家禮意的祭祀，凡有功於民生的神祇特別重視，按照尊卑次序加以分類，反映清代知識分子特別以儒家爲本位的祭祀態度。其次就是書中的論述方式，考述源流，辨別眞僞，所採取的正是考證法，承續的是顧炎武（日知錄）、趙翼（陔餘叢考），尤其是李調元（新搜神記）的傳統，先引述再加按語，而不像明、清一般仙傳的搜羅諸神事跡而已。其按語中評論是非，也出諸儒家的理性立場，所以是一部有代表性的專論諸神的筆記，故題爲「釋神」。

姚氏的引述大體詳實、豐贍，頗便於今人的使用；而其評釋源流、眞僞，也是今人論考諸神的先

聲，較諸清代學者的零散考證，此書確是完備。惟其中引文，間有出入；又因手稿字跡部分有模糊之處，本彙編重新排版時，已儘可能重予查核、改正，惟少數不清之處則存疑，有興趣的讀者可查對原書，自行索解。又，影印本卷四「方祀」中有二頁置於卷六「吉神」末，卷七「釋家」前。本彙編排印本依作者自批之語，重新調整將其置於卷四之末。

十二、鑄鼎餘聞

《鑄鼎餘聞》四卷，清常熟姚福均輯，有光緒廿五年（一八九九）校刊本，板藏常熟劉氏達經堂。書前有光緒二十五年鄒福保序，及劉廣基跋。據此可知姚氏字子成，序跋均稱爲屺瞻，常熟人。他博學強記，家多藏書，長於經學及校勘，所著述多種均由里人集貲刊印：凡有海虞藝文志六卷、補籬遺稿（殷芝階梓行）、瑣學錄（徐少逵梓行）；此本則先由劉蘭蓀謀畫付梓，繼由劉廣基校讎刊行。此一考證諸神事蹟之作，流傳至今，國內外圖書館鮮有收藏，亦未著錄。民國十八年黃仲琴曾予介紹（民俗週刊第八六、七、八、九合刊號）；本彙編據英國牛津大學龍彼得教授所寄影本景印刊行。

本書考辨仙佛及民間信仰的事蹟：卷一共二百四則、卷二共一百九十四則、卷三共二百六十一則、卷四共一百八十八則，凡有八四七則之多。姚氏以清代考證學方法專考里社祠宇之事，爲清代考

釋諸神的同一類著述，因此所引證的資料遍及經、史（含方志）及各種筆記、詩文，確是「引證淵博」（跋語）。惟黃仲琴評其成書，「似隨時筆錄，不成系統，諸多漏略；至其考證亦未甚確」。其實其編撰體例，大體按照神格的高下，先由天神、星君、道教諸神，再次及方祀、士祀、神仙與民間雜祀，與清人《釋神》諸書同一情況；而其引述史料及考辨是非，範圍廣泛，不能確定則闕其疑，凡此都有便於今人取材之處，是清代有關宗教信仰的參考資料。

十三、新義錄

《新義錄》凡一百卷，清孫壁文纂輯，有光緒八年（一八八二）漱石山房刊本，哈佛大學哈佛燕京圖書館所藏卽此本，經徵得同意選錄與本彙編主題相關的五卷。此本書前有光緒七年程夔序，及八年作者所作跋語。璧文字玉塘，一字玉堂，安徽太平縣人。他自幼卽喜好涉獵羣書，每有新義卽予抄錄。至光緒初，爲邑中仙源書院購書，校讎之餘，所得愈多。經友朋的催促，始予摘選，刪訂爲一百卷。序稱搜羅所及「舉凡地志星經，兵鈐律算，七緯百家之奧，說郛稗海之繁，莫不薈萃」。而其中的著述體例，正是清代學者的雜纂筆記之法：條分件繫，分卷別類；其實事求是，考證源流的態度，也是考證學風的表現。其中卷九〇至九二爲鬼神類，卷九三爲仙類，卷九四爲釋類，屬於有關宗教信仰的史料。

據序言孫氏對於漢宋之學、道釋二教，是採「兼收並蓄，竟委通原」的立場，所以此五卷中考辨所及，兼顧三教：大體鬼神類，以朝廷祀典、方祀、土祀爲主，兼及祭祀習俗。仙類則集中於重要仙聖，如老君、元始天尊、眞武等；而八仙部分最多，亦可見其興趣所在。至於釋類，則以習見的觀音、羅漢、金剛等爲主，兼考佛敎習俗及史實。其中每條所抄，正如跋語所云：古人所錄舊說爲多，所自得者較少，但亦有便於今人參考之處。由於百卷之中，與宗教有關的僅刪存五卷，故選錄於此，附於《鑄鼎餘聞》之後。

十四、集說詮眞

《集說詮眞》不分卷，黃伯祿輯，蔣超凡校。有光緒五年（一八七九）鐫，光緒十年（一八八四）重校上海慈母堂本。書前有黃伯祿光緒四年自序，蔣超凡校序；書末有鞠若望光緒四年跋。伯祿字斐默，超凡字邢胙，皆爲上海聖方濟敎派的司鐸。此書的纂輯，從光緒三年到四年，因痛感於世人的祠祭，與他所信仰者有異，常有嫉邪之志，「因將諸神事實，摘引成編，逐一詮釋，闢妄說以達眞理」（序），希望有發聾振聵，易俗移風之效。蔣氏、鞠若望亦以爲此書，將流俗之訛、不經之說，分條撫引，加以申辨，裨世人能知其謬而究其眞，返歧途而趣眞道。所以作者雖用考證的清代治學方法，而其動機與批判立場則有異於儒者之處。

此書有引用書目及續書目，並有詳細的凡例，說明其引錄的情況。其中特別值得注意的是「辨」字下，都是有所申辨，詮其眞妄。他所引的廣及經史子集、佛道諸書，尤其通俗讀物，可見其範圍廣泛，搜羅甚富。有關諸神的排列次序，首列太極，辨其非造物主；次卽儒、道、釋三教聖人；以下爲道教神仙，從三淸以下按尊卑而列。又有方祀、土祀等。而有關釋教者分量不多。大體以民間祠祭爲主，徵引賅博；而主要的仍在「辨」的考辨部分，表現淸末敎士對於中國傳統宗敎的態度。

十五、集說詮眞續編

《集說詮眞續編》不分卷，黃伯祿輯，蔣超凡校。有光緖六年（一八八〇）鐫，光緖十年（一八八四）重校上海慈母堂本。書前有黃伯祿光緖六年自序，末附「歷代永統紀年表圖」例言及圖表。序言他在光緖三年（一八七七）編成《集說詮眞》之後，又以兩年，涉獵羣籍，輯爲續編。故其編輯體例全同於《集說詮眞》。爲考辨三教源流，闢除俗說，闡明眞理，藉以挽回世道人心。所補的凡有二十八、九條，多爲方祀及雜祀，因此所「辨」的更屬嫉邪之意；尤其是對於民間普遍存在的雜祀現象，更能表現其敎士的宗敎態度，故爲具有時代性的珍貴宗敎史料。

十六、集說詮眞提要

《集說詮眞提要》不分卷，黃伯祿輯，蔣超凡校。有光緒五年（一八七九）鐫，光緒十年（一八八四）重校上海慈母堂本。書前有黃伯祿光緒五年自序，言其於光緒三年纂集《集說詮眞》，既梓之後，又著說三篇，作爲提要。就是「徵有造物主」、「考儒釋道三教源流」、「辨述事眞僞」三篇。每篇之中又各分細目：第一篇有四條，主要在「將造物主按理窮原，徵其實有」；第二篇有七十三條，「將儒釋道三教，援引書籍，述其源流」；第三篇有十條，則是審辨書籍述事之眞僞。其中考述引述的書籍，藉以說明邪見形成的原因；而有關道教源流，分代考論，可作道教簡史。故此書除可審辨《集說詮眞》有關之事項，亦爲難得的道教史料。

十七、古今圖書集成　神異典・神仙部

《古今圖書集成》博物彙編神異典神仙部凡四十九卷。此部現存最大的類書，總共一萬卷，原是康熙年間陳夢雷所編「古今圖書彙編」，經康熙改作今名，並派人增編，直至雍正三年（一七二六）始編成，六年（一七二八）印成，因此神仙部收有清初的資料。此四十九卷從卷二百二十一至卷二百七十，按照集成的編書體例加以分類：首爲彙考三卷（二二一—二二三），收眞靈位業圖及重要仙眞，如東王公、西王母與黃帝、老子等，爲仙界結構與先天諸神。次爲分量最多的列傳三十六卷（二二四—二五九），收錄仙史上的著名神仙，大多取材於前此的仙傳集；但其中明朝四卷，並附清代四

人，所收的爲近期神仙事跡，極爲有用，可補明代諸種仙傳略於本朝之不足。次爲總論，僅卷二百十的一卷，收錄莊子至朱子全書等八部書中論及神仙的。其次是分量僅次的藝文七卷：序辨三卷（二六一—二六三）。詩四卷，附少數選句（二六四—二六七），爲歷來有關神仙的詩文的選錄。這部分當然無法盡錄歷代的神仙文學，但宋元明的詩文則頗爲有用，有助於瞭解當時的宗教狀況。次爲紀事二卷（二六八、九）引錄有關神仙的瑣細事跡，大多採自筆記、方志等。最後二百七十卷則爲雜錄、外編，將未能收錄於前面兩項下的，附置於此，多爲佚聞傳說。由於集成的編纂費時既久，資料豐富，神仙部的篇帙頗爲可觀；尤其有關明至清初的部分，對於研究這段神仙史、道教史的確是有參考價値的工具書。因此本彙編特予收錄於末，以便參閱。

附錄二：大千圖說

《大千圖說》三卷，神童江希張編著，煙台誠文信書坊印行本。書前有民國七年柴雲鵬所撰的神童傳，並附有神童的九歲肖像，民國九年張知睿重刊大千圖說序、民國六年第六十二代天師張元旭大千圖說序、劉恩駐敍、民國五年撰者自序，時年十歲。書後有自敍，及章鴻藻跋，劉長祥等十人署名的跋。據神童小傳云：他是山東歷城市人，生有異秉，一、二歲卽識字，三、四歲能弄翰墨，五、六歲能註釋經書，範圍廣及道、佛、耶、回各教，亦涉及時務、科學諸書，時賢推許爲奇才。所撰有

《論孟白話》、《論孟解說》及《息戰論》等書。《大千圖說》初刊於民國五年，九年重刊，曾風行一時，見者謂爲奇書。此書三卷：上卷爲總論，以傳統佛、道諸教的說法，解說上界、中界及下界的形成，並專說上界二十一天及阿修羅各部，並附有金仙天仙及神仙數目表。每天均附有自繪圖各一。中卷爲中界，專說諸星系，凡分紫微星系、衆星系，前者爲中國傳統的星宿說法，後者則爲當時新說，解說九大行星，亦均附有圖文。下卷爲下界，專說各種地獄，亦均附圖。此書所表現的三界觀念，除太陽星系爲新輸入的科學宇宙說外，都能反映中國傳統的大千說。這種綜合儒、釋、道三家之說，流傳於民間的通俗傳說，歷來都以善書形式刊行，具有勸善懲惡的教化功能。此書可珍異的是撰者爲一十歲小神童，以流暢的文字、清晰而有趣的圖繪完成三卷的善書。在民國初年中國社會面臨新學的衝擊、社會道德發生大變化，撰者以神童而撰此奇書，希望驚醒世人，確是極奇特的事。故本彙編收爲附錄，以見民間文化的一斑。

附錄三：破除迷信全書

《破除迷信全書》十卷，民國李幹忱編纂，美以美會全國書報部出版發行，書前有校閱者羅運炎民國十三年所作序言。此書爲基督教傳入中國後，信教者基於傳教的立場，對於傳統民間信仰及相關習俗多所批評，因而編纂此類所謂「破除迷信」的書籍。根據羅序所知，當時教會中像「美以美百週

紀念執行委員」就是堅決執行這類工作者之一。他們自認「基督教素以破除迷信爲己任」，因而近世紀我國迷信所以不得過於猖獗，正是受基督教打擊之故。前此有「丁韙良博士的黜虛崇正論」，破除於先；又請李幹忱編纂此書，繼續執行破迷的事業。可知此書的編纂，是基於基督教的教義有意作一嚴厲的批判。

羅氏序言批判「一部二十四史乃是以迷信爲主腦編成的」，因此李氏編纂的取材，大部分是以二十四史中的帝王、卿相及名人爲主，並及傳統的佛教、道教與秘密宗教。凡分十卷：一風水、二卜筮、三看相、四垂象、五成佛、六成仙、七妖祥、八左道、九邪說、十多神。由於作者主要是批判正史中所記載的「迷信」現象，因而傳統術數及相關的習俗均爲其破除的目標，採用亦述亦評的行文方式，摘錄豐贍的資料。採錄所及並涉及筆記、小說等雜史、雜記，惟數量不如正史史料之多。後數卷因批判明、清以至民國的民間宗教活動，就錄存不少文件、報導及自身見聞，頗能反映當時的宗教情況，是一批珍貴的宗教史料。此書的題名及書中强烈的批判立場，在中外宗教的交涉史上也是具有歷史意義的史料。因此本彙編收爲附錄，方便宗教學界的參考。

第一輯
第2册

新編連相搜神廣記

正編
第1種

（新編）新編連相搜神廣記目錄

（原）新編連相搜神廣記目錄……一

前集……三

儒氏源流……四

釋氏源流……四

道教源流……一二

聖母尊號……一四

玉皇上帝……一六

聖祖尊號……一八

聖母尊號……一八

東華帝君……二〇

西王母……二二
后土皇地祇……二四
玄天上帝……二六
梓潼帝君……三一
三元大帝……三六
東嶽……三八
至聖炳靈王……四〇
佑聖眞君……四〇
南嶽……四二
西嶽……四二
北嶽……四四
中嶽……四四
四瀆……四六
泗州大聖……四八
五聖始末……五〇
萬廻虢國公……五六
許眞君……五八

寶誌禪師……六二

後集……六六

盧六祖……六六
三茅眞君……六八
薩眞人……七二
袁千里……七四
傅大士……七六
崔府君……七八
普庵禪師……八二
吳客三眞君……八六
昭靈侯……八七
義勇武安王……九〇
清源妙道眞君……九四
威惠顯聖王……九六
祠山張大帝……九八
掠刷使……一〇二

沿江遊奕神……一〇四
常州武烈帝……一〇六
揚州五司徒……一一〇
蔣莊武帝……一一二
蠶女……一一四
威濟李侯……一一六
趙元帥……一一八
杭州蔣相公……一二〇
增福相公……一二二
蒿里相公……一二二
靈泒侯……一二二
鍾馗……一二四
司命竈神……一二六
神荼鬱壘……一二七
五瘟使君……一二八
福神……一二九
五盜將軍……一三〇
紫姑神……一三〇

第一輯
第3册
三教源流聖帝佛祖搜神大全
正編
第2種

（新編）三教源流聖帝佛祖搜神大全目錄

卷一……一
儒氏源流……一
釋氏源流……五
道教源流……九
玉皇上帝……一三
聖祖尊號……一六
聖母尊號……一八
東華帝君……二〇
西靈王母……二四
后土皇地祇……二六

玄天上帝……二八
梓潼帝君……三三
三元大帝……三八
東嶽……四一
至聖炳靈王……四四
佑聖眞君……四六
南嶽……四八
卷二……五〇
西嶽……五〇
北嶽……五二
中嶽……五四
四瀆……五六
泗州大聖……五八
五聖始末……六〇
萬廻虢國公……六六
許眞君……六八

寶誌禪師……七二
盧六祖……七六
三茅眞君……七八
薩眞人……八三
袁千里……八六
傅大士……八八
崔府君……九〇
普庵禪師……九四
吳客三眞君……九八

卷三

……一〇一
昭靈侯……一〇一
義勇武安王……一〇四
清源妙道眞君……一〇八
威惠顯聖王……一一〇
祠山張大帝……一一三
掠刷使……一一八

泓江遊奕神……一二一
常州武烈帝……一二三
揚州五司徒……一二七
蔣莊武帝……一三〇
蠶女……一三三
威濟李侯……一三六
趙元帥……一三七
杭州蔣相公……一四〇
增福相公……一四二
蒿里相公……一四四
靈泒侯……一四六
鍾馗……一四八

卷四

……一五〇
神荼鬱壘……一五〇
五瘟使者……一五二
司命竈神……一五四

福神……一五六
五盜將軍……一五八
紫姑神……一六〇
五方之神……一六二
南華莊生……一六五
觀音菩薩……一六八
王元帥……一七三
謝天君……一七六
大奶夫人……一七八
天妃娘娘……一八一
混炁龐元帥……一八四
李元帥……一八七
劉天君……一九〇
王高二元帥……一九二
田華畢元帥……一九四
田呂元帥……一九七

卷五

卷五……二〇〇
黨元帥……二〇〇
石元帥……二〇二
副應元帥……二〇四
槃瓠……二〇六
楊元帥……二〇九
高元帥……二一二
靈官馬元帥……二一五
孚祐溫元帥……二一八
朱元帥……二二一
張元帥……二二三
辛興苟元帥……二二五
鐵元帥……二二八
太歲殷元帥……二三〇
斬鬼張眞君……二三三
康元帥……二三五

風火院田元帥……二三七
孟元帥……二四〇
慧遠禪師……二四三
鳩摩羅什禪師……二四六

卷六……二五一

佛陀耶舍禪師……二五一
曇無竭禪師……二五四
佛馱跋陀羅禪師……二五六
杯渡禪師……二六〇
寶公禪師……二六六
智璪禪師……二六九
大志禪師……二七一
玄奘禪師……二七三
元珪禪師……二七六
通玄禪師……二八〇
一行禪師……二八三

無畏禪師……二八八
金剛智禪師……二九一
鑑源禪師……二九四
嬾殘禪師……二九六
西域僧禪師……二九九

卷七

……三〇一
本淨禪師……三〇一
地藏王菩薩……三〇三
嵩岳伏僧禪師……三〇五
知玄禪師……三〇七
青衣神……三一一
九鯉湖仙……三一三
張天師……三一五
王侍宸……三一七
盧山匡阜先生……三一九
黃仙師……三二一

北極驅邪院……………………………………………三一三
那吒太子……………………………………………三一五
五雷神………………………………………………三一八
電母神………………………………………………三二一
風伯神………………………………………………三二一
雨師神………………………………………………三二一
海神…………………………………………………三二三
潮神…………………………………………………三二三
水神…………………………………………………三二三
波神…………………………………………………三二三
洋水江三水府………………………………………三二五
蕭公爺爺……………………………………………三二七
晏公爺爺……………………………………………三二九
開路神君……………………………………………三四一
法術呼律令…………………………………………三四二
門神二將軍…………………………………………三四三
天王…………………………………………………三四五

第一輯 第4册 新刻出像增補搜神記大全 正編 第3種

（新編）新刻出像增補搜神記大全目錄

引搜神記首……三

（原）新刻出像增補搜神記大全卷一目錄……九

儒氏源流……一〇

釋氏源流……一六

道教源流 聖母尊號附……二二

玉皇上帝 聖祖尊號附 聖母尊號附……二八

后土皇地祇……三四

東華帝君 即東王公……三六

西王母……四二

上一元品大帝……四六
中元二品大帝……四八
下元二品大帝……五〇
東嶽……五二
南嶽……五六
西嶽……五八
北嶽……六〇
中嶽……六三
四瀆神……六四
五方之神……六六
太乙……六八
肩吾……七〇
燭陰……七〇
雷神風伯雨師附……七二
電神……七四
（原）卷二目錄……七七

薩眞人……一三四
玄天上帝……七八
北極驅邪院左判官……八四
梓潼帝君……八六
吳客三眞君……九二
許眞君……九六
張天師……一〇二
三茅眞君……一〇四
祠山張大帝……一〇八
五聖始末……一一四
至聖炳靈王……一二〇
佑聖眞君……一二二
王侍宸……一二四
袁千里……一二六
張果老……一二八
西嶽眞人……一三〇
太素眞人……一三二

壽春眞人……一三八
負局先生……一四〇
律呂神……一四二
劉師……一四四

（原）卷二目錄……一四七

南無觀世音菩薩……一四八
天王……一五〇
地藏王菩薩……一五二
金剛……一五四
十大明王……一五六
十地閻君……一五八
十八尊阿羅漢……一六〇
寶誌禪師……一六二
盧六祖……一六八
達磨……一七〇
普庵禪師……一七二

泗州大聖……一七六
傅大士……一七八
灌口二郎神……一八二
蕭公……一八四
晏公……一八六
宗三舍人（缺）……一八八
楊四將軍（缺）……一九〇
洋子江三水府……一九二
淞江遊奕神……一九四
洞庭君……一九六
湘君……一九八
巢湖太姥……二〇〇
宮亭湖神……二〇二
九鯉湖仙……二〇四
海神　潮神、水神、波神附……二〇六
廬山匡阜先生……二〇八
蘇嶺山神……二一〇

新羅山神……二一二
射木山神……二一四

（原）卷四目錄……二一七

蔣莊武帝……二一八
常州武烈帝……二二二
揚州五司徒……二二六
西楚霸王……二三〇
義勇武安王 關公……二三二
零陵王……二三四
惠應王……二三六
威惠顯聖王 伍子胥……二三八
金山大王……二四〇
萬廻虢國公……二四二
趙元帥……二四四
彭元帥……二四八
潤濟侯……二五〇

威濟侯……二五二
靈泒侯……二五四
崔府君……二五六
伏波將軍……二六二
密都統……二六四
宋刺史……二六六
甘大夫……二六八
陸大夫……二七〇
杭州蔣相公……二七二
蒿里相公……二七四
祖將軍……二七六
花卿……二七八
華山之神……二八〇
聶家香火……二八二
(原)卷五目錄……二八五
廣平呂神翁……二八六

黃陵神……二八八
黃仙師……二九〇
江東靈籤……二九二
協濟公……二九四
靈義侯……二九六
張昭烈……二九八
張七相公……三〇〇
耿七公……三〇二
孫將軍……三〇四
張將軍……三〇六
順濟王……三〇八
橫浦龍君……三一〇
道州五龍神……三一二
昭靈侯……三一四
仰山龍神……三一八
黃石公……三二〇
石神……三二二

楚雄神石……三一四
石龜……三一六
鍾神……三一八
馬神……三二〇
青蛇神……三二二
金馬碧鷄……三二四
金精……三二六
火精……三二八
陳寶……三四〇
黑水將軍……三四二
木居士……三四四
磨嵯神……三四六
黃魔神……三四八
向王……三五〇
竹王……三五二
槃瓠……三五四

（原）卷六目錄……三五七

天妃……三五八
蠶女……三六〇
青衣神……三六二
白水素女……三六四
馬大仙……三六六
聖母……三六八
溫孝通……三七〇
孝烈將軍……三七二
靈澤夫人……三七四
順懿夫人……三七六
寨將夫人……三七八
誠敬夫人……三八〇
姚娘……三八二
曹娥……三八四
二孝女……三八六

五瘟使者……三八八
五盜將軍……三九〇
掠剧使……三九二
增福相公……三九六
福祿財門……三九八
門神……四〇〇
神荼、鬱壘……四〇二
鍾馗……四〇四
司命竈神……四〇六
厠神……四〇八
開路神……四一〇
翁仲二神……四一二

第一輯 第5册

廣列仙傳

正編 第4種

（新編）廣列仙傳目錄

廣列仙傳序……一
採輯群書書目……七

（原）廣列仙傳目錄

……一一
卷之一……四五
老子……四五
赤松子……五一
容成公……五一
廣成子……五二
黃帝……五二
甯封子……五四

赤將子輿……五五
洪厓先生……五五
馬師皇……五六
王倪……五七
何侯……五六
西王母……五七
太眞王夫人……五九
東王公……五九
上元夫人……五九
偓佺……六一
宛丘先生 附姜若春……六一
務光……六一
孟岐……六二
匡裕……六三
彭祖……六三
青烏公……六四
范蠡……六五

呂尙……六六
劉越……六六
匡續……六八
葛由……七〇
蔡瓊……七一
彭宗……七一
馮長　西岳眞人……七三
王子喬……七四
沈羲……七四
周亮　太素眞人……七七
涓子……七八
亢倉子……七九
琴高……七九
寇先……八〇
負局先生……八〇
馬丹……八一
列子……八二

王瑋玄……八二
韓崇 附……八二
莊子……八三
陵陽子明……八四
尹喜 文始先生……八五
尹軌 太和眞人……九五
丁令威……九六
李八百……九六
馬成子……九七
折象……九八
宋倫 太清眞人……九八
玉子……一〇〇
太陽子……一〇二
太陽女……一〇三
太陰女……一〇四
太玄女……一〇五
墨子……一〇七

浮丘伯……一〇九
祝鷄翁……一一〇
鬼谷子……一一〇
茅濛……一一一
蕭史……一一二
武夷君……一一二
皇太姥……一一三
魏眞君……一一三
控鶴仙人……一一四
古丈夫……一一五
毛女……一一六
徐福……一一六
涉正……一一九
清平吉……一二〇
白石生……一二〇
卷之二……
安期生……一二三

朱仲……一二四
劉京……一二四
茅盈 附茅衷茅固即一茅眞君……一二五
修羊公……一二九
屈處靜……一二九
魯妙典……一三〇
緱仙姑……一三〇
蘇躭……一三一
王眞……一三二
金申……一三二
王興……一三三
衞叔卿 附衞度世……一三四
東方朔……一三六
拳夫人……一三八
朱璜……一三九
郭瓊……一四〇
李少君……一四一

車子侯……一四三
李根……一四三
鮑叔陽……一四四
司馬季主……一四四
太上老父……一四五
程偉妻……一四六
巫炎……一四七
黃安……一四九
壽光侯……一五〇
稷丘君……一五一
劉安 淮南王……一五一
尹澄……一五六
黃子陽……一五七
焦先……一五七
陰長生……一五九
南陽公主……一六〇
江妃二女……一六一

欒巴……一六二
靈壽光……一六二
趙丙……一六三
瞿武……一六四
上成公……一六四
毛伯道　附劉道恭……一六四
方回……一六五
鍾離簡……一六六
鍾離權　即漢鍾離正陽帝君……一六六
莊伯微……一六九
范幼冲……一六九
陳永伯……一七〇
蕭綦……一七一
王仲都……一七一
王褒……一七二
蘇林……一七五
劉根……一七九

谷春……一八一
梅福……一八一
魏伯陽……一八三
龍述……一八五
姚光……一八六
東郭延……一八七
呂恭……一八七
華子期……一八九
沈文泰……一九〇
子英……一九〇
卷之三……一九三
王喬……一九三
麻姑……一九四
天台二女……一九五
劉晨 附……一九五
阮肇 附……一九五
王老……一九七

張道陵　老祖天師……一九八
王遠……二一七
蔡經……二一八
官嵩……二二一
董奉……二二二
介象……二二八
黃初平……二三二
黃初起　附……二三二
鮑靚……二三三
劉諷……二三六
李阿……二三七
張魯……二三八
介琰……二三九
費長房……二四〇
壺公　附……二四〇
薊子訓……二四四
左慈……二四四

朱孺子……二四六
嚴青……二四七
者域……二四八
孫登……二四九
梁諶……二五〇
稽康……二五一
王烈……二五五
王質……二五六
蘭公……二五七
諶姆……二五九
丁義……二五九
藍采和……二六〇
卷之四……二六三
葛玄……二六三
葛洪……二七〇
黃野人……二七三
扈謙……二七五

王嘉……二七七
楊羲……二七八
許遜 眞君……二七九
許邁……二九九
許穆……三〇一
許羽 附……三〇一
雲林夫人 附……三〇一
彭抗……三〇一
黃仁覽……三〇二
吳猛……三〇四
吳彩鸞……三〇五
文簫 附……三〇五
孟欽……三〇六
張昭成……三〇七
郭璞……三〇七
劉綱 天師……三一五
樊夫人……三一五

東陵聖母……三一七
王道眞……三一八
鄧郁……三一八
王玄甫 東華帝君……三一九
曾文辿……三二〇
酆去奢……三二〇
范豹……三二四
韓越……三二五
蕁綠華……三二六
張昌……三二七
白鶴道人……三二九
萬振……三三〇
王延……三三一
蓬球……三三二
鄭思遠 丹陽眞人……三三三
卷之五……三三五
陶弘景 蓬萊都水監……三三五

桓闓……三四一
劉玄英……三四二
寇謙之……三四四
徐則……三四七
蕭子雲 玄洲長史……三四八
岑道願……三四九
明崇儼……三四九
傅先生……三五〇
許宣平……三五〇
李筌……三五四
驪山老母 附……三五四
韋善俊……三五六
司馬承禎……三五七
帛和……三六一
王可交……三六二
班孟……三六三
李長者……三六四

鳳綱……三六四
孫思邈眞人……三六五
羅公遠……三七〇
李白……三七一
白居易附……三七四
白龜年附……三七四
薛昌……三七五
徐佐卿……三七六
僕僕先生……三七七
吳道元道子……三七七
王皎……三八〇
趙惠宗……三八一
張果果老……三八一
軒轅集……三八七
申元之……三九一
邢和璞……三九二
薛季昌……三九六

羅子房……三九七
張志和……三九七
李賀……三九八
顏眞卿 北極驅邪院判官……三九九
伊祁玄解……四〇一
卷之六……四〇五
呂巖 洞賓純陽祖師……四〇五
何仙姑……四一八
裴航……四一九
雲英 附……四二一
譚峭……四二四
爾朱洞……四二六
柳實……四二九
元徹……四二九
王四郎……四三四
許栖岩……四三五
韓湘子……四四〇

江叟……四四二
陳摶……四四三
甘始……四五一
張用成 紫陽眞人……四五一
劉斗子……四五四
石泰 杏林眞人……四五五
趙吉……四五六
薛道光……四五七
雷隱翁……四五八
林靈素……四五九
薩守堅……四七二
徐鸞……四七五
卷之七……四七七
陳楠 泥丸眞人……四七七
朱橘……四七九
白玉蟾 海瓊眞人……四八二
彭耜……四八三

劉諡……四八四
石坦……四八四
孔元……四八五
王嚞 重陽眞人……四八五
馬鈺 丹陽眞人……四八七
孫仙姑……四九〇
譚處端 長眞子……四九二
劉處玄 長生子……四九六
丘處機 長春子……四九八
郝大通……五〇〇
王處一……五〇一
李靈陽……五〇四
李菱……五〇五
周史卿……五〇六
宋有道……五〇七
李珏……五〇八
張模 太虛眞人……五〇九

趙友欽 緣督眞人……五一〇
劉䁖……五一一
洪志……五一二
莫月鼎……五一三
張三丰……五一六
鐵冠道人……五一七
周顚仙……五二〇
冷謙……五二四
裴仙……五二六
赤肚子……五二六
王曇陽……五二七

第一輯 第6册

有象列仙全傳

正編 第5種

(新編)有象列仙全傳目錄

列仙全傳序……一

(原)有象列仙全傳目錄……一一

第一卷……二七
老子……二七
木公……三一
西王母……三二
太眞王夫人……三三
東王公……三四
上元夫人……三四

赤松子……三五
炎帝少女附……三五
容成公……三五
廣成子……三六
黃帝……三六
甯封子……三八
赤將子輿……三八
洪厓先生……三九
馬師皇……三九
王倪……四〇
何侯……四〇
帝舜附……四〇
偓佺……四一
宛丘先生……四一
姜若春附……四一
鐵拐先生……四一
務光……四二

孟岐……四二
匡裕……四三
彭祖、錢鏗……四三
青烏公……四四
呂尙……四四
范蠡……四五
劉越……四五
匡續……四六
葛由……四八
蔡瓊……四八
彭宗……四九
馮長……五〇
王子喬……五一
沈羲……五一
賈氏附……五一
周亮……五三
涓子……五四

亢倉子……五四
琴高……五四
寇先……五五
馬丹……五五
王倍玄（內文作王瑋玄）……五五
韓崇 附……五五
負局先生……五六
列子……五七
莊子……五七
尹喜……五八
尹軌……六五
第二卷……一〇五
丁令威……一〇五
李八百……一〇五
明香眞人……一〇六
折象……一〇六
宋倫……一〇六

玉子……一〇七
太陽子……一〇八
太陽女……一〇九
絕洞子 附……一〇九
太陰女……一一〇
太玄女……一一一
墨子……一一二
浮丘伯……一一三
祝雞翁……一一三
皇太老……一一四
古丈夫……一一四
毛女……一一四
徐福……一一五
孔丘明……一一六
駱法通 附……一一六
黃石公……一一七
控鶴仙人……一一七

鬼谷子……一一八
馬成子……一一八
茅濛……一一八
魏眞君……一一九
蕭史……一一九
弄玉 附……一一九
劉海蟾……一二〇
盧侯二仙……一二〇
蔡女仙……一二〇
白石生……一二一
涉正……一二一
杜宇……一二二
安期生……一二二
朱仲……一二三
清平吉……一二三
劉京……一二三
武夷君……一二四

茅盈……一二四
茅固　附……一二四
茅衷　附……一二五
屈處靜……一二六
魯妙典……一二六
修陽公……一二六
鮑叔陽……一二七
司馬季主……一二七
巫炎……一二八
朱璜……一二八
阮丘　附……一二八
劉安……一二九
八公　附……一三二
尹澄……一三二
緱仙姑……一三三
金申……一三三
王眞……一三四

李根……一三四
蘇耽……一三四
東方朔……一三五
稷丘君……一三七
李少君……一三七
衞叔卿……一三八
衞度世 附……一三九
許由 附……一三九
巢文 附……一三九
王興……一三九
黃安……一四〇
車子侯……一四一
郭瓊……一四一
太山老父……一四二
拳夫人……一四二
魯生女……一四三
程偉妻……一四三

壽光侯……一四四
史通平……一四五
馬明生……一四五
丁義……一四五
丁秀英附……一四五
莊君平……一四六
薊子訓……一四六
焦先……一四七
唐公昉……一四八
靈壽光……一四八
南陽公主……一四九
陰長生……一四九
第三卷……一八七
王褒……一八七
王仲都……一八九
欒巴……一八九
徐登……一九〇

陵陽子明……一九〇
張惠明……一九〇
雞窠小兒……一九〇
瞿武……一九一
上成公……一九一
范幼沖……一九一
毛伯道……一九一
劉道恭 附……一九一
謝稚堅 附……一九一
張兆期 附……一九一
方回……一九二
陳永伯……一九二
陳增族 附……一九二
趙丙……一九三
董仲……一九三
陳安世……一九三
莊伯微……一九四

東郭延……一九四
華子期……一九四
蘇林……一九五
仇先生 附……一九五
江妃二女……一九八
劉根……一九八
谷春……一九八
梅福……一九九
龍述……二〇〇
姚光……二〇〇
魏伯陽……二〇一
虞生 附……二〇二
王老……二〇二
張道陵……二〇三
雍夫人 附……二一五
王長 附……二〇四
趙昇 附……二一三

劉晨……二一五
阮肇 附……二一五
沈文泰……二一六
李文淵 附……二一六
王喬……二一七
蕭綦……二一七
王遠……二一八
蔡經……二一八
麻姑 附……二一九
子英……二二一
于吉……二二一
官嵩……二二三
董奉……二二三
封衡……二二六
介象……二二六
鍾離簡……二二九
鍾離權……二二九

劉諷……二三一
介琰……二三一
李阿……二三一
朱孺子……二三二
王玄眞 附……二三二
左慈……二三三
張魯……二三四
王梵志……二三五
第四卷……二五九
呂恭……二五九
黃初平……二六〇
黃初起 附……二六〇
羅眞人……二六一
賀元……二六一
蘭公……二六一
諶姆……二六三
費長房……二六三

壺公 附……二六三
嚴青……二六五
藍采和……二六六
沈建……二六七
耆域……二六七
王質……二六八
蓬球……二六八
葛玄……二六九
屈氏二女 附……二七一
梁諶……二七四
曹仙媪……二七四
鮑靚……二七五
孫登……二七七
王烈……二七七
嵇康……二七八
吳猛……二八一
衍客……二八一

吳彩鸞……二八一
文簫 附……二八二
許遜……二八三
陳勳 附……二八三
時荷 附……二八三
周廣 附……二八三
曾亨 附……二八三
施岑 附……二八三
甘戟……二九六
盱烈……二九六
許遜姊 附……二九六
黃仁覽……二九六
黃萬石 附……二九六
許遜女 附……二九六
潘茂名……二九七
彭抗……二九八
郭璞……二九八

許毛……三〇三
王道眞……三〇三
鄭思遠……三〇四
許邁……三〇四
許穆……三〇五
許羽附……三〇五
葛洪……三〇五
鮑姑附……三〇六
張元化……三〇七
黃野人……三〇八
晋廂姑（麻姑）……三〇八
第五卷……三一一
劉綱……三一一
樊夫人附……三一一
東陵聖母……三一二
張昭成……三一三
孟欽……三一三

范豹……三三四
交阯道士……三三四
王玄甫……三三五
鄧伯元 附……三三五
謝仲初……三三五
馬儉……三三六
王嘉……三三六
扈謙……三三七
文斤……三三八
麻衣子……三三八
酆去奢……三三九
韓越……三四二
孫博……三四二
孫遊岳……三四三
陶弘景……三四三
桓闓……三四七
寇謙之……三四八

成功興 附……三四八
韋節……三四九
鹿皮翁……三五〇
王知遠……三五〇
張昷……三五一
萬振……三五二
鄧郁……三五二
羅郁……三五三
韋昉……三五三
曾文迪……三五三
徐則……三五三
蕭子雲……三五四
楊義……三五五
白鶴道人……三五五
王延……三五五
季順興……三五六
孫思邈……三五七

黃子陽……三六〇
趙眞人……三六〇
潛翁……三六一
岑道願……三六一
崔之道……三六一
瞿夫人……三六一
張果……三六二
葉法善……三六五
崔子玉……三六六
苗龍……三六九
羅通微……三六九
匡智……三六九
匡大郎 附……三六九
明崇儼……三七〇
王旻……三七〇
蘭冲虛……三七〇
韋善俊……三七一

僕僕先生……三七一
應夷節……三七一
王帽仙……三七二
王遙……三七二
司馬承禎……三七二
焦靜眞 附……三七三
饒廷直……三七五
班孟……三七五
鄺通微……三七六
黃華姑……三七六
第六卷……四〇一
許宣平……四〇一
許明恕婢 附……四〇二
聶師道……四〇三
傅先生……四〇四
王可交……四〇四
李筌……四〇四

驪山老姥 附……四〇五
李白……四〇六
白居易 附……四〇八
李長者……四〇八
商棲霞……四〇九
懶殘……四〇九
湘中老人……四〇九
邢和璞……四一〇
吳道元……四一二
王皎先生（卽前王旻重出）……四一三
羅公遠……四一四
羅子房……四一四
申泰芝……四一五
薛昌……四一六
薛季昌……四一六
徐佐卿……四一七
武攸緒……四一八

裴玄靜……四一八
帛和……四一九
張氳……四一九
邊洞玄……四二〇
趙惠宗……四二〇
顏眞卿……四二〇
鳳綱……四二一
黃升……四二二
蔡道人 附……四二二
王昌遇……四二二
張落魄 附……四二三
何仙姑……四二三
呂巖……四二三
張志和……四三一
李賀……四三二
韓湘子……四三二
瑕丘仲……四三四

第七卷

錢朗……四七六
鄭全福……四七六
羊愔……四七七
侯道華……四七七
廖師……四七八
劉德本……四七八
劉瞎……四七九
黃洞源……四七九
瞿栢廷……四七九
閭丘方遠……四八〇
譚峭……四八〇
何令通……四八一
馬大仙……四八二
何氏九仙……四八二
甘大將……四八二
赤肚子……四八二
汪臺符……四八三

麻衣仙姑……四八三
爾朱洞……四八三
二漁人附……四八四
陳摶……四八五
劉玄英……四九〇
譚紫霄……四九二
景知常……四九二
蘇澄隱……四九三
劉女……四九三
劉希岳……四九四
馬湘……四九四
張九哥……四九五
甘始……四九六
王鼎……四九六
賀蘭……四九七
曹國舅……四九七
侯先生……四九八

魯志靜……四九八
陳易……四九九
陳太初……四九九
張伯端……四九九
劉斗子……五〇一
石泰……五〇一
趙吉……五〇二
徐問眞……五〇三
黃希旦……五〇三
徐熙春……五〇四
申屠有涯……五〇四
朱有……五〇四
陳仁嬌……五〇五
邵琥……五〇五
雷隱翁……五〇六
林靈素……五〇六
李鼻涕……五一五

吹角老兵……五一五
張俞……五一六
莎衣道人……五一六
王文卿……五一七
陶道人……五一七
王晝龍 附……五一七
李思廣……五一八
羅晏……五一八
張虛白……五一八
魏二翁……五一九
羅昇……五一九
劉益……五二〇
武元照……五二〇
孫賣魚……五二一
梅志仙……五二一
范子珉……五二一
第八卷……五四三

武志士……五四三
薩守堅……五四三
馮觀國……五四五
王嚞……五四六
宋耕……五四七
孔元……五四七
石坦……五四八
馬鈺……五四八
孫仙姑……五五〇
上官道人……五五一
呂道章……五五一
譚處端……五五二
劉處玄……五五四
徐彎……五五五
丘處機……五五六
唐廣眞……五五七
陳楠……五五八

訾亘……五五九
葛長庚……五六〇
彭耜……五六一
朱橘……五六一
鞠君子附……五六二
郝大通……五六三
賣薑翁……五六四
李志方……五六四
王處一……五六四
李靈陽……五六六
顏筆仙……五六七
郭志空……五六七
宋有道……五六七
李雙玉……五六八
盧六……五六八
李賤子……五六九
張留孫……五六九

吳全節……五七〇
黃公望……五七〇
張仙姑……五七〇
張模……五七〇
趙友欽……五七一
周史卿……五七一
張拱……五七二
洪志……五七二
李笈……五七三
洞眞子……五七三
岳眞人……五七四
景素陽……五七四
莫有鼎……五七五
張三丰……五七七
劉道秀……五七八
張中……五七八
周顚仙……五八〇

冷謙……五八三
周玄初……五八四
任風子……五八五
裴仙……五八五
沈野雲……五八五
海上老人……五八六

第九卷 輯補……六〇五
姮娥……六〇五
吳剛……六〇五
長桑公子……六〇五
張天翁……六〇五
馮延壽……六〇六
宋來子 附……六〇六
王中倫……六〇六
王次仲……六〇七
張麗英……六〇八
王暉……六〇八

翟天師……六〇九
灰袋……六〇九
敫仙……六一〇
王纂……六一一
魏存華……六一一
單道開……六一一
祁嘉……六一二
黃道眞……六一二
蕭防……六一二
宋玄白……六一三
陸法和……六一三
神和子……六一四
錢妙眞……六一四
劉珍……六一五
潘師正……六一五
謝自然……六一六
胡惠起……六一七

鄧紫陽……六一八
殷七七……六一八
李昇……六一九
費文禕……六一九
杜光庭……六二〇
劉無名……六二一
葉千韶……六二一
山圖……六二二
晏仙人……六二二
楊昭慶……六二二
柴通玄……六二三
丁少微……六二三
趙自然……六二四
張無夢……六二四
徐道士……六二四
抱一道士……六二四
石仲元……六二五

林遇賢……六二五
郭上竈……六二五
甄棲眞……六二六
管歸眞……六二七
魚肉道人……六二七
藍喬……六二八
趙棠……六二九
劉混康……六二九
侯谷神……六二九
楊父……六二九
崔自然……六三〇
陳葆光……六三〇
韋恕女……六三〇
劉野父……六三一
許碏……六三一
蘇舜卿……六三二
沈麟……六三二

牟羅漢……六三三
劉遁……六三三
李常在……六三三
張遠霄……六三四
費孝先……六三四
張道清……六三五
二張仙翁……六三五
張先生……六三六
楊權……六三六
裴老人……六三七
張秉……六三九
田志亨……六三九
吳守一……六四〇
程守善……六四〇
吉志通……六四〇
王當陽……六四一
張得一……六四一

梁野人……六四二
鄧牧……六四四
張金箔……六四四
無名道 附……六四四
董伯華……六四六
周思得……六四六
列仙全傳後序……六四七

第一輯 第7册

列仙圖贊

附錄 第1種

(新編)列仙圖贊目錄

列仙圖贊序……一
竺常題辭……九
列仙圖贊……一五
太上老君……一六
木公……一七
龜臺金母……一八
太眞王夫人……一九
東王公……二〇
上元夫人……二一
容成公……二三

赤松子……二三
廣成子……二四
黃帝……二五
甯封子……二六
赤將子輿……二七
馬師皇……二八
王倪……二九
何侯……三〇
偓佺……三一
鐵拐……三二
務光……三三
孟岐……三四
彭祖……三五
青烏公……三六
呂尚……三七
范蠡……三八
劉越……三九

匡續……四〇
葛由……四一
蔡瓊……四二
周亮……四三
彭宗……四四
馮長……四五
王子喬……四六
沈羲……四七
涓子……四八
琴高……四九
寇先……五〇
負局先生……五一
列禦寇……五二
莊周……五三
尹喜……五四
尹軌……五五
李八百……五六

宋倫……五七
王子……五八
太陽子……五九
太陰女……六〇
大玄女……六一
墨子……六二
祝鷄翁……六三
皇太姥……六四
古丈夫……六五
黃石公……六六
控鶴……六七
鬼谷子……六八
簫史……六九
弄玉……七〇
蔡女仙……七一
白石生……七二
涉正……七三

安期生……七四
朱仲……七五
劉京……七六
茅盈……七七
司馬季主……七八
朱璜……七九
劉安……八〇
緱仙姑……八一
金申……八二
蘇耽……八三
東方朔……八四
稷丘君……八五
李少君……八六
衛叔卿……八七
黃安……八八
郭瓊……八九
太上老父……九〇

魯生女……九一
焦先……九二
南陽公主……九三
王褒……九四
欒巴……九五
毛伯道……九六
趙丙……九七
董仲……九八
莊伯微……九九
蘇林……一〇〇
江妃二女……一〇一
劉根……一〇二
梅福……一〇三
姚光……一〇四
魏伯陽……一〇五
王老……一〇六
張道陵……一〇七

劉晨阮肇……一〇八
王喬……一〇九
蕭綦……一一〇
蔡經……一一一
子英……一一二
于吉……一一三
董奉……一一四
封衡……一一五
介象……一一六
鍾離權……一一七
李阿……一一八
左慈……一一九
九皋散人川諏識語……一二一

第一輯 第8冊 月旦堂仙佛奇蹤合刻 正編 第6種

（新編）月旦堂仙佛奇蹤合刻目錄

四庫總目提要……三
仙引……五
佛引……五
（原）月旦堂仙佛奇踪合刻目錄……七
列仙總目……七
一卷……一三
老君……一三
東王公……一七
西王母……一九

赤松子……二一
廣成子……二三
青烏公……二五
彭祖……二七
鐵拐先生……二九
黃野人……三一
尹喜……三三
李八百……三九
丁令威……四一
鬼谷子……四三
劉越……四五
韓湘子……四七
白石生……四九
安期生……五一
東方朔……五三
鍾離權……五五
馬成子……五七

劉晨阮肇……五九
二卷……六一
張道陵……六一
蕭史……六九
梅福……七一
黃初平……七三
費長房……七五
藍采和……七九
孫登……八一
麻姑……八三
呂純陽……八五
張果……九一
何仙姑……九五
左慈……九七
曹國舅……九九
許眞君……一〇一
三卷……一〇九

司馬眞人……一〇九
王質……一一一
陶弘景……一一三
裴航……一一七
孫思邈……一二一
譚峭……一二五
許宣平……一二七
玄貞子……一三一
軒轅集……一三三
陳希夷……一三七
雷隱翁……一四一
馬自然……一四三
張紫陽……一四五
李鼻涕……一四九
歸元子……一五一
白玉蟾……一五五
陳泥丸……一五七

莫月鼎……一五九
馬鈺……一六三
魏伯陽……一六七

四　卷……一六九

長生詮……一六九

佛祖總目……一九九

五　卷……一九九

釋迦牟尼佛……一九九
摩訶迦葉尊者……二〇一
師子比丘尊者……二〇三
優波毱多尊者……二〇五
婆須密尊者……二〇七
佛陀難提尊者……二〇九
伏䭾密多尊者……二一一
般若多羅尊者……二一三
馬鳴尊者……二一五

迦毗摩羅尊者……二一七
龍樹尊者……二一九
羅睺羅多尊者……二二一
僧迦難提尊者……二二三
伽邪舍多尊者……二二五
鳩摩羅多尊者……二二七
闍夜多尊者……二二九
鶴勒那尊者……二三一
六卷……二三三
菩提達摩尊者……二三三
慧寂禪師……二三七
僧璨大師……二三九
道信大師……二四一
破灶墮和尚……二四三
慧能大師……二四七
法融禪師……二五一
神讚禪師……二五三

從諗禪師……二五五
懷讓禪師……二五九
道一禪師……二六一
惠藏禪師……二六三
智威禪師……二六五
元珪禪師……二六七
智閑禪師……二六九
七　卷……二七一
曇晟禪師……二七一
良价禪師……二七三
無住禪師……二七五
自在禪師……二七七
慧海禪師……二七九
道通禪師……二八一
豐干禪師……二八三
寒山子……二八五
拾得子……二八七

布袋和尚……二八九
鳥窠和尚……二九一
誌公和尚……二九三
杯渡和尚……二九五
慧遠禪師……二九七
笙道生……二九九
佛圖澄……三〇一
崇信禪師……三〇五
降魔禪師……三〇七
具胝和尚……三〇九
惟儼禪師……三一一
船子和尚……三一五
法明和尚……三一七
八卷……三一九
無生訣……三一九
補遺……三四五

仙傳……三四五
王子喬……三四五
太山老父……三四五
劉海蟾……三四六
黃安……三四六
浮丘伯……三四七
麻衣子……三四七
葛仙公……三四八
張三丰……三五〇
長生詮（道藏本二四B——三二A）……三五一
杜道堅……三五一
許眞人……三五二
薛眞人……三五二
逍遙子……三五三
攝生要旨……三五三
玄關雜記……三五四
內養眞詮……三五四

修眞秘錄……三五五
冬至小參文……三五七
冬至詞……三五八
玄牝歌……三五八
修眞口訣……三五九
無生訣（道藏本一四B——一七A）……三五九
雲巖禪師……三五九
景岑禪師……三六〇
晦堂禪師……三六〇
南臺和尙……三六〇
宗一禪師……三六〇
仲宣禪師……三六一
紹悟禪師……三六一
智間禪師……三六一
孤峯長老……三六二
惟寬禪師……三六二
無生訣（道藏本二三B——三二A）……三六二

從諗禪師……三六二
智明禪師題像……三六三
牧正禪師……三六三
墮竈和尚……三六三
斷際禪師……三六三
慧日禪師……三六五
布袋和尚……三六五
白楊禪師……三六六
僧潤……三六六
黃龍和尚……三六六
安丕師……三六七
自在禪師……三六七
無念禪師……三六七
大茅和尚……三六八
從悅禪師……三六八
性空庵主……三六八
水庵一禪師……三六九

長慶和尚……三六九
圓覺禪師……三七〇
黃蘗禪師……三七〇
張拙秀才……三七一
南華禺師……三七一
無垢子……三七二
法常禪師……三七二
無生訣（道藏本三四A——三六B）……三七二
法眞禪師……三七二
希明禪師……三七二
兜率禪師……三七三
道英禪師……三七三
宮徽師……三七五
慧林受師……三七五

第一輯
第9冊

新鐫仙媛紀事

正編
第7種

（新編）新鐫仙媛紀事目錄

敍仙媛紀事……一
仙媛紀事序……一三
讀仙媛紀事……二一

（原）新鐫仙媛紀事目錄……二五

卷一……三九
無上元君……三九
太一元君……五六
金母元君……五八
上元夫人……八一

九天玄女……八四
蠶女……八九
南極王夫人……九一
右英王夫人……九二
紫微王夫人……九三
雲華夫人……九三
玄天二女……一〇三

卷二……一〇七

太眞夫人……一〇七
皇太姥……一二四
嫦娥……一二四
織女……一二四
昌容……一二八
明星玉女……一二九
園客妻……一二九
中侯王夫人……一三〇
女偊……一三一

李眞多……一三三
嬴女……一三七
太陽女……一三八
太陰女……一三九
魚氏二女……一四〇
梅姑……一四一
女几……一四一
太玄女……一四二
西河少女……一四四
梁玉淸……一四六
江妃……一四七
毛女……一四九
鈎翼夫人……一五〇
秦宮人……一五一
南陽公主……一五二
程偉妻……一五三
孫夫人……一五四

張文姬……一五七
張文光……一五七
張賢……一五八
張芝……一五八
盧氏……一五九
宛若……一五九
長陵女子……一六一
痲姑……一六一
玄俗妻……一六八
陽都女……一六九
卷三……一七一
樊夫人……一七一
東陵聖母……一七八
侯眞夫人……一七九
郭勺藥……一八〇
張麗英……一八〇
趙素臺……一八二

黃景華……一八二
周爰支……一八三
張桃枝……一八四
傅禮和……一八五
張微子……一八五
竇瓊英……一八六
韓太華……一八七
劉春龍……一八七
郭叔香……一八八
孫寒華……一八九
郝姑……一八九
張玉蘭……一九一
王妙想……一九三
成公智瓊……二〇三
龐女……二〇九
褒女……二一一
魏夫人……二一二

王進賢……二三一
李奚子……二三三
蕁綠華……二三三
錢妙眞……二三七

卷四……二三九

雲英……二三九
鮑姑……二四五
丁叔英……二四八
黃仙姑……二四八
趙愛兒……二四九
王魯連……二五〇
九華安妃……二五〇
河北王母……二五三
韓西華……二五四
王抱臺……二五四
王奉仙……二五五
梁母……二六〇

屈女……二六三
諶姆……二六四
劉仙姑……二七〇
許氏……二七〇
薛練師……二七二
李夫人……二七三
酒母……二七四
班孟……二七四
天台二女……二七六
魯妙典……二七八
盱母……二八二
杜蘭香……二八四
白水素女……二八七
蔡女仙……二八九
蓬球……二九〇
紫雲觀女道士……二九二
秦時婦人……二九三

何二娘……二九五
玉女……二九七
邊洞玄……三〇一
吳彩鸞……三〇三
卷五……三〇五
玉巵娘子……三〇五
驪山姥……三一一
花姑……三一七
焦靜眞……三二二
王法進……三二三
費妙行……三二九
王女……三三〇
楊正見……三三一
董上仙……三三五
張連翹……三三六
酒家美婦……三三九
太陰夫人……三四一

姚氏三子……三四六
青童君……三五四
虞卿女子……三六一
蕭氏乳母……三六三
何仙姑……三六六
盧眉娘……三六八
卷　六……三七一
謝自然……三七一
崔少玄……三八七
妙女……三九六
吳清妻……四〇三
郭翰……四〇六
楊敬眞……四一三
少室仙姝……四二一
玉蕊院女仙……四二八
谷神女……四三二
韋蒙妻……四三四

餘杭仙姥……四三七
仙女奕棋……四三八
卷七……四三九
張雲容……四三九
許飛瓊……四四八
裴玄靜……四四九
戚玄符……四五二
徐仙姑……四五三
緱仙姑……四五五
王氏女……四五八
薛玄同……四六一
戚逍遙……四六四
茶姥……四六六
渤海女仙……四六七
黃觀福……四六九
紫素元君……四七一
慈恩塔院女仙……四七二

古塚女子……四七三
曹仙媼……四七四
張珍奴……四七五
麻仙姑……四七九
周惠杵……四八〇
石氏女……四八一
曹三香……四八三
劉女……四八四
台州蛇姑……四八六
浦江仙姑……四八八
山中美女……四八八
赤城山二女……四八九
馬大仙……四九〇
唐廣眞……四九〇
武元照……四九二
漁翁女……四九五
張主簿妻……四九六

麻衣仙姑……四九六
張仙姑……四九七
魯生女……四九七
陳仁嬌……四九八
建昌麻姑……四九九
孫仙姑……四九九
西眞仙子……五〇二
玉源夫人……五〇四
卷八……五〇九
曇陽子……五〇九
書曇陽子傳後……五八五
卷九……五八九
劉香姑……五八九
玉灘仙女……五九四
苟仙姑……五九五
補遺……六〇一
炎帝少女……六〇一

賈氏……六〇一
劉瑤英……六〇二
瞿夫人……六〇二
許明恕婢……六〇三
韋恕女……六〇四
仙尼淨秀……六一四
嵩岳仙姬……六三二
書仙媛紀事後……六四七

第一輯
第10～17册

歷代神仙通鑑

正編
第8種

（新編）歷代神仙通鑑目錄

神仙通鑑序……一
序……一一
自序……二一
作者識語……二六
（原）神仙通鑑目錄……二七
說義十則……四九
神仙鑑象……五五
神仙通鑑首集仙眞衍派卷之一……一七五
太極判化生五老　三才立發育烝民……一七五

黃神氏存神煉已　泰壹君守一修眞……一九三
赤精子途逢廣壽　紫炁翁道合五行……二一一
東皇西母同開化　白石金虹並遇師……二二九
弗予逮再成聖果　玉淸宮剖析根源……二四七
如意托胎生帝子　天書成帙洩玄機……二六五
洛書出重衍卦爻　鬱華見劇談玄妙……二八三
女媧補天扶正炁　神農藝穀濟民飢……三〇一
救亢陽赤松施雨　蹈苦海少女求眞……三一九

神仙通鑑首集卷之二……三三七

衡山洞炎帝尋師　有熊國軒轅出世……三三七
風后演握機陣法　飛廉招水火魔君……三五五
下中條玄女除妖　上昆侖精衞歸道……三七三
金鑑成古今具覽　神芝現三一藏機……三九一
大隗氏指明三一　軒轅帝始著內經……四〇九
採良材逸歸風后　訪大貞不信洪厓……四二七
泠淪作咸池廣樂　浮丘教九轉還丹……四四五
入空同廣成授道　陷鼎湖黃帝昇天……四六三

除邪祟玉眞降世　滅夜叉王倪建功……四八一

神仙通鑑首集卷之三……四九九

開紫府青帝延賓　醉蟠桃祝融奏曲……四九九
少女偕槃弧南封　錄圖示四日疊瑞……五一七
姮娥竊藥入蟾宮　赤將成功居日府……五三五
巢許養高貞避世　蒲支傳奕手談兵……五五三
賜寶文叱召六丁　敬天帝專崇徽號……五七一
衡嶽峯金簡呈祥　岷山下玉書告績……五八九
隱蒼梧七賢遯跡　遊嵩嶽五聖逢眞……六〇七
七星巖龍神聽樂　九疑山帝舜歸眞……六二五
神農鼎九州定位　陽明天大禹還元……六四三

神仙通鑑首集卷之四……六六一

后啓遊天佩玉璜　少康復夏誅寒浞……六六一
諷成湯務光隱去　留盤銘錫則親臨……六七九
武丁感夢賚良弼　王母開筵款衆眞……六九七
遊仙苑父女重逢　錫天爵君臣共證……七一五
曲仁里老子臨凡　雲母山籛鏗應聘……七三三

中條山老彭遇救　西岐周宛丘降凡……七五一
隱磻溪垂綸抱道　吳制命踐約迎師……七六九
封列國周武酬功　降六魔洞陰蕩穢……七八七
奉金像夢傳大洞　跨木羊獨上綏山……八〇五
神仙通鑑首集卷之五……八二三
李凝陽易體成仙　關尹喜受經證道……八二三
青羊肆宓子尋師　徐州城杜冲報本……八四一
容成公細談靈嶽　穆天子遠宴瑤池……八五九
尹眞人一過周都　伯陽父再遊史館……八七七
長桑君微露天機　太陽子致明時事……八九五
盧扁鵲術動虢人　秦穆公夢朝金闕……九一三
弄玉緣歸西華主　子喬道受州維翁……九三一
禱尼丘素王應運　治桐柏王子成眞……九四九
奏淸徵諸神並集　訪周京二聖相逢……九六七
神仙通鑑首集卷之六……九八五
傳火候冶仙鑄劍　究三一漁丈譚玄……九八五
一神人道傳墨子　七隱士諷諫聖人……一〇〇三

墨班鬭智絀暴楚　玄陳教藝滅强吳……一〇二一
種竹養魚致巨富　高山流水遇知音……一〇三九
明國運史儋入秦　關聖道柏皇臨凡……一〇五七
陶朱公復還故我　竇子明自述根源……一〇七五
韓夫人殉節流芳　馬成子受丹超俗……一〇九三
神鼎沉小懲强暴　蟠桃熟大會眞靈……一一一一
善詠諸仙官演劇　持戒律老佛談禪……一一二九
神仙通鑑首集卷之七……一一四七
陝河濱老君寄跡　幔亭峰太姥稱觴……一一四七
安期生九年丹就　尉繚子一統功成……一一六五
鞭石驅山薄侍郎　遄往迎來徐使者……一一八三
遣儒生秦始求仙　變神書王君遺篆……一二〇一
顯道術涉正搖山　發孔陵秦始逞暴……一二一九
羞吳芮麗英垂誡　訪浮丘楚王受詩……一二三七
王太傅道逢二士　閩越正坐狎九仙……一二五五
羨門子方授韓終　太倉公難逢陽勵……一二七三
孝文帝問道河濱　蘇仙公鍊丹峰頂……一二九一

神仙通鑑首集卷之八……一三〇九
東方朔漢廷混跡　李少君輦下修眞……一三〇九
淮南王師事八公　漢武帝爵授張果……一三二七
安期生普陀求方　巫子都渭橋見帝……一三四五
五仙臣同登漢殿　二高士共服菖蒲……一三六三
封泰岱車公化去　會延靈金母臨凡……一三八一
除怪貍欒巴施法　飲仙酒曼倩滑稽……一三九九
瑞氣現鈎弋逢君　巫蠱興衆仙避世……一四一七
大茅君泰山獲偶　王子淵蜀道昇仙……一四三五
劉涓子注意蘇林　莊伯微皈誠金母……一四五三
神仙通鑑二集佛祖傳燈卷之九……一四七一
張府君悞觸劉根　唐公昉眞憐八百……一四七一
嚴子陵高屈光武　瑪利亞貞產耶穌……一四八九
入天臺劉阮奇逢　見金人漢明異感……一五〇七
陰外戚密授丹經　沈侍郎重歸碧落……一五二五
魏伯陽丹試周馮　張輔漢道傳王趙……一五四三
奉敕命施法降魔　寓長安説價賣藥……一五六一

趙威伯楫脯款友　鍾離權燈引逢師……一五七九
見機智士甘肥遯　救旱龍神受大屯……一五九七
降吳郡邀度蔡經　會青城議延漢祚……一六一五
神仙通鑑二集卷之十……一六三三
左元放道師子訓　徐太極相識伊周……一六三三
麇子仲德消火厄　孫伯符暴動殺機……一六五一
謁教主獨傳妙法　隱茅蘆三顧高賢……一六六九
術戲數傾推左管　神褫魄奪犯關梨……一六八七
華陀三國號神醫　孟節萬安稱隱者……一七〇五
遇宮嵩細談仙侶　救杜燮特用神丹……一七二三
丁令威化鶴遼東　康僧會建圖吳下……一七四一
溧陽渡伍相留賓　太行山王烈質友……一七五九
嚴正東法困都巡　吳主皓火燒仙客……一七七七
神仙通鑑二集卷之十一……一七五九
孫廣田訪道南州　宋少室分司四嶽……一七九五
植杏林董奉行醫　占天象尹思授羽……一八一三
梓潼君證果劍川　拓跋氏携歸天女……一八三一

孝道重再世成仙　義氣深老年遇子……一八四九
虎授碁經爲報慈　烏投蚺膽因憐悌……一八六七
溫太眞燃犀燭怪　佛圓澄咒水回生……一八八五
弟爲師吳許傳道　翁覓壻鮑葛聯姻……一九〇三
和尙前知石虎心　壺公歷試長房意……一九二一
小麻姑醲酒化頑　繁陽子投符度厄……一九三九
神仙通鑑二集卷之十二……一九五七
會祇園闡明刼運　得眞種立就還丹……一九五七
賞曇華細述根源　剿妖蛟廣施法力……一九七五
隱東山仙逢許邁　占國運卜召扈謙……一九九三
相玄刼衆聖會嵩　正氣虧羣陰共剝……二〇一一
遇呂光羅什東來　諷姚萇王嘉南去……二〇二九
石堂山麻衣成道　海陵郡董幼得仙……二〇四七
魏夫人成藥劍化　寇天師新科行誡……二〇六五
乘舟空裏龍爲御　說法山前石點頭……二〇八三
蕭氏應朔生帝子　陶家世德誕眞仙……二一〇一
神仙通鑑二集卷之十三……二一一九

寶誌公建康混迹　張果老六合聯婚……二一一九
華嚴師洛下開堂　達磨祖嵩山面壁……二一三七
蕭子雲玉笥成丹　陶弘景蓬萊受職……二一五五
兀眞里神龍出世　王屋山太乙指迷……二一七三
得仙傳寶常正樂　顯聖授伯醜談經……二一九一
周隱遙鍊形巖穴　伊用昌游戲迷樓……二二〇九
獅子巖徐君尸解　羊角山太上傳言……二二二七
王敬伯奇逢道友　杜子春謹守丹爐……二二四五
長源女夢入仙都　李染工身歷靈境……二二六三

神仙通鑑二集卷之十四……二二八一

徐張傑士互成功　水火佛奴同證果……二二八一
孫思邈劇論天人　周隱者明知禍福……二二九九
十試不折鶴嶺遊　四韻俱成馬當助……二三一七
大梵寺慧能說法　靈虛殿柳毅傳書……二三三五
景龍觀劍擊麪生　王淸堂樂傳仙子……二三五三
捐暴戾汞鉛立交　嫌朽衰鬢齒重易……二三七一
顯神咒戲驚三藏　學隱形怒斬羅公……二三八九

劚薯蕷悞入洞天　恃靈符戲遊相府……二四〇七
懶殘李泌兩知心　敬業賓王雙現跡……二四二五
神仙通鑑二集卷之十五……二四四三
玉册三十六洞天　仙籍七十二福地……二四四三
律令遍招八海賓　漢壽獨請西方佛……二四六一
上天星辰連袂來　五嶽君相接踵至……二四七九
方諸會衆聖稱觴　資始堂羣眞逞技……二四九七
白玉函天寶呈祥　青蓮子謫仙玩世……二五一五
范女對使化男身　魏姊憐弟全兒命……二五三三
楊什伍妙術通幽　徐佐卿神功化鶴……二五五一
黑叟擧鋤劚神面　慈航現景格貪心……二五六九
崔希眞雪天贈畫　張志和水上啣觴……二五八七
神仙通鑑二集卷之十六……二六〇五
俠士能携赤玉出　蠢奴無意水精居……二六〇五
賈帥得數軸道書　梵僧播三昧幻術……二六二三
尋跡再訪孤姥莊　穿井逕達梯仙國……二六四一
遊番禺鮑姑贈艾　隔弱水謝女焚香……二六五九

白生飄至遊春臺　擇子引覽稚川景……二六七七
湘媼劈雪城救生　士良飯神液不死……二六九五
陳黑老瓜圃傭工　田先生桑林判獄……二七一三
伊祈玄解黃牝馬　軒轅彌明石鼎詩……二七三一
藍關道聖姪相逢　金刀下高人獨脫……二七四九

神仙通鑑三集聖賢貫脈卷之十七……二七六七

樊宗仁專求白皎　鄭又玄三遇太淸……二七六七
聽良言閉戶避災　顯小道梯雲取月……二七八五
寰瀛圖泛舟歸里　藍橋驛搗藥成姻……二八〇三
守三尹大限難免　辨二李相公實非……二八二一
彩鸞女降配文簫　麒麟客謫傭茂實……二八三九
馬自然吟詩秦望　軒轅集證道羅浮……二八五七
金可記錸眞子午　悟達師洗孽茶隴……二八七五
劉相國被謫逢兄　趙山人披雲玩月……二八九三
上巳辰三泖棹歌　重陽節鶴林花放……二九一一

神仙通鑑三集卷之十八……二九二九

墜風穴幸入仙鄉　沉涪陵喜分丹酒……二九二九

師道尋眞留南嶽　景升達孝訪嵩山……二九四七
海蟾子棄職修仙　伊用昌題名示世……二九六五
南唐興獨推正統　廣野會咸仰文明……二九八三
南極翁少林訪趙　後周祖孔廟拜師……三〇〇一
蟄龍法息調混沌　指玄篇神謁碧虛……三〇一九
襄王府楊礪逢眞　酆都觀王顯成勣……三〇三七
守堅知赤脚臨凡　倩桃言萊公棄世……三〇五五
回先生諸方顯化　曹國舅二祖傳經……三〇七三
神仙通鑑三集卷之十九……三〇九一
行遁甲枉施七首　出陽神易折瓊花……三〇九一
王筌得術不得財　邵子知數難知道……三一〇九
墮松肪不殺符道　掘肉芝爲營義財……三一二七
攀龍鄉劉女乘鵝　興元縣上座啖肉……三一四五
石薛薛西來徵意　徐薦林南主長生……三一六三
謝潤夫仙傳測字　張珍奴秘授道情……三一八一
眞豪傑兵敗逢師　假神仙吐液殞命……三一九九
蘇園叟宜興遯跡　顏符仙火裏飛升……三二一九

蕭然山元照羽化　犍爲郡崔綏神還……三二三五
神仙通鑑三集卷之二十……三二五三
孚中翁終南受道　空同會諸子譚經……三二五三
說果陳根皆輔翊　傳經啓教大慈悲……三二七一
馬半州夫婦雙修　王員外貴賤一體……三二八九
重陽子暢發玄風　七金蓮闡明法乳……三三〇七
道學與大儒去世　神威顯叛寇亡魂……三三二五
前後雲遊玉蟾苦　酒肉神通道濟顛……三三四三
薩君高行服靈官　余子窮愁感叟畫……三三六一
宋末忠良俱守道　家亡母子且爲僧……三三七九
元混一訪數皇極　河源窮得錄傳燈……三三九七
神仙通鑑三集卷之二十一……三四一五
陳可復官庭召雨　莫月鼎帝殿發雷……三四一五
黃精欲食維揚友　紫瓊擇授宋宗人……三四三三
賴祿孫孝感義盜　馮道助法禁頑徒……三四五一
盡誠敬道學淵源　廣誘掖金丹微妙……三四六九
堪輿派譚子發明　四果徒鐵冠辨惑……三四八七

邋遢道傳沈萬三　周顛法救朱太祖……三五〇五
褒美德孔張榮後　念勤勞徐程錄前……三五二三
協律濟窮遺路引　嬰兒見母復元神……三五四一
不壞天童金箔張　線陽仙女王霞沈……三五五九
神仙通鑑三集卷之二十二……三五七七
識君輔柳庄神相　警兕頑完璞俠腸……三五七七
整舟車萬里尋父　入林屋二史修文……三五九五
承溫旨金鑾飛迹　制獰龍赤水安瀾……三六一三
祝廣壽大會丹元　配卦爻羣眞原始……三六三一
陰地經培心地本　小成集築大成基……三六四九

第一輯
第18册

繪圖歷代神仙傳

正編
第9種

（新編）繪圖歷代神仙傳目錄

繪圖歷代神仙傳序……三

（原）繪圖歷代神仙傳目錄……七

卷一……一五

老子……一五

木公……二一

黃安……二三

周穆王……二五

彭祖……二七

魏伯陽……三一

漢武帝……三三

卷二……四三
蕭史……四三
禰叔卿……四五
陽翁伯……四七
王次仲……四九
玉子……五一
茅濛……五三
沈羲……五五
陳安世……五七
張子房……五九
東方朔……六一
卷三……六五
王喬……六五
周隱遙……六七
劉商……六九
白石先生……七一
黃初平……七三

王遠……七五
劉安……七九
陰長生……八三

卷四
張道陵……八七
李少君……九一
孔元方……九五
王烈……九七
焦先……九九
河上公……一〇一
趙瞿……一〇三
王遙……一〇五
劉憑……一〇七

卷五
左慈……一〇九
大茅君……一一三
壺公……一一七

薊子訓……………………………………………………………………………………………………一二一
董奉……………………………………………………………………………………………………一二五
孔安國……………………………………………………………………………………………………一二九

卷六……………………………………………………………………………………………………一三一
尹軌……………………………………………………………………………………………………一三一
介象……………………………………………………………………………………………………一三三
蘇仙公……………………………………………………………………………………………………一三五
成仙公……………………………………………………………………………………………………一三九
劉子南……………………………………………………………………………………………………一四三
郭文……………………………………………………………………………………………………一四五
嵩山叟……………………………………………………………………………………………………一四七
許眞君……………………………………………………………………………………………………一四九

卷七……………………………………………………………………………………………………一四三
吳眞君……………………………………………………………………………………………………一五三
萬寶常……………………………………………………………………………………………………一五五
道士王纂……………………………………………………………………………………………………一五七
眞白先生……………………………………………………………………………………………………一六一

柏闔……一六五
蘭公……一六七
阮基……一六九
杜子春……一七一
卷八……一七五
張老……一七五
裴諶……一七九
薛肇……一八三
元藏幾……一八五
文廣通……一八七
楊伯醜……一八九
劉法師……一九一
馬周……一九三
卷九……一九五
郭子儀……一九五
韓滉……一九七
陰隱客……一九九

譚宜……二〇三
王可交……二〇五
楊通幽……二〇九
孫思邈……二一一
卷十……二一五
司馬承禎……二一五
羅公遠……二一七
僕僕先生……二二三
藍采和……二二七
王遠知……二二九
崔生……二三一
許宣平……二三三
劉清眞……二三五
卷十一……二三七
張殖……二三七
蕭靜之……二三九
採藥民……二四一

葉法善……二四五
唐若山……二五一
司命君……二五五
卷十二……二五九
玄眞子……二五九
劉白雲……二六一
郗鑒……二六三
僧契虛……二六七
九天使者……二七一
姚泓……二七三
張果……二七五
翟乾祐……二七九
卷十三……二八一
凡八兄……二八一
王賈……二八三
申元之……二八七
馬自然……二八九

裴氏子……二九三
崔煒……二九五
韋丹……三〇一
卷十四……三〇三
馮大亮……三〇三
徐佐卿……三〇五
李清……三〇七
韋仙翁……三一一
嚴士則……三一五
崔希眞……三一七
巴邛人……三一九
章仇兼瓊……三二一
石巨……三二三
卷十五……三二五
陶尹二君……三二五
許碏……三二九
薛尊師……三三一

王老……三三三
黑叟……三三五
劉無名……三三七
裴老……三四一
李虞……三四三
薛元眞……三四五
卷十六……三四七
于濤……三四七
穆將符……三四九
賈耽……三五一
衡山隱……三五三
白幽求……三五五
王太虛……三五九
王子芝……三六一
劉商……三六三
蓬球……三六五
卷十七……三六七

李球……三六七
韋老師……三七一
許棲巖……三七三
李紳……三七五
白樂天……三七七
軒轅先生……三七九
韋卿材……三八一
潘尊師……三八三
陳惠虛……三八五
卷十八……三八九
嵩岳嫁女……三八九
裴航……三九五
宜君王老……三九九
陳復休……四〇一
殷天祥……四〇五
張卓……四〇九
卷十九……四一一

麟麒客……四一一
王法進……四一五
維揚十友……四一七
金可記……四一九
楊眞伯……四二一
韓惠外甥……四二三
劉曙……四二七
盧鈞……四二九
卷二十……四三一
費冠卿……四三一
沈彬……四三五
軒轅彌明……四三一
蔡少霞……四四七
伊用昌……四四三
西王母……四四七
卷二十一……四五一
雲華夫人……四五一

太眞夫人……四五五
樊夫人……四六一
張玉蘭……四六五
王妙想……四六七
卷二十二……四七一
猴仙姑……四七一
陽都女……四七三
龐女……四七五
李眞多……四七七
天臺二女……四七九
杜蘭香……四八一
蔡仙女……四八三
邊洞玄……四八五
崔書生……四八七
卷二十三……四九一
驪山姥……四九一
黃觀福……四九五

楊正見……四九七
張鎬……四九九
太陰夫人……五〇一
趙旭……五〇三
謝自然……五〇七
卷二十四……五一三
盧眉娘……五一三
崔少元……五一五
郭翰……五一九
裴元靜……五二三
薛元同……五二五
戚逍遙……五二七
葛玄……五二九

第一輯 第19冊

神考

正編 第10種

（新編）神考目錄

（原）神考目次……一
新搜神記卷十一……五
神考上……五
關帝歷代封號……五
忠顯王生辰……七
梓潼帝君封號……七
川主……一〇
土主……一一
藥王有三……一一
灌口李二郎……一五

趙公明……一一七
王靈官……一一八
五顯……一一九
馬王……一二一
牛王……一二二
龜蛇二將……一二二

新搜神記卷十二……一二三

神考下……一二三
魁星……一二三
太歲排凶……一二三
城隍生辰不同……一二四
壁山神……一二五
蕭公神……一二六
晏公神……一二八
張仙……一二八
壽星……一二九

鍾馗……三〇
和合二聖……三〇
五道……三一
五通……三一
西王母……三二
水府三官……三三
竈王……三三
護法伽藍……三四
門神……三五
閻羅王……三六
牛頭馬面……三六
夜叉……三七

第一輯 第19冊

釋神

正編 第11種

（新編）釋神目錄

自序……一
作者識語……二
（原）釋神目次……三
卷一　天地……五
天……五
五帝……五
日月……五
五星……六
二十八宿……六

北斗……七
雷公電母……七
風伯……七
四餘……七
員神……八
天門守衞……八
雨師……八
雷神……八
康元帥……八
孟元帥……八
鐵元帥……八
高元帥……九
王元帥……九

卷二 山川

……一一
五嶽……一一
五嶽將軍……一一

釋　神

武夷山神……………………………………………………一一
四海神………………………………………………………一一
河伯…………………………………………………………一二
炳靈公………………………………………………………一二
東嶽五子……………………………………………………一二
碧霞元君……………………………………………………一二
江神…………………………………………………………一三
九顯靈君……………………………………………………一三
東嶽…………………………………………………………一三
水府三官……………………………………………………一三
湘江神………………………………………………………一三
淮水神………………………………………………………一四
山神…………………………………………………………一四
溫泉神………………………………………………………一四
巨靈…………………………………………………………一四
五鎮神………………………………………………………一四
中嶽…………………………………………………………一四

衞源神……一四
嶽后……一四
西嶽……一五
四瀆……一五

卷三　時祀……一七

五方神……一七
城隍……一七
五行神……一七
歲神……一七
火神……一八
竈神……一八
井泉童子……一九
門神……一九
蠶神……一九
土地……一九
六十花甲……二〇

卷四

方祀……二一一
百蟲將軍……二一一
武成王……二一一
徐偃王……二一一
姑蘇城隍……二一一
伍王……二一二
二郎神……二一二
羅娘……二一二
祠山張大帝……二一二
鎮江城隍……二一三
江州城隍……二一三
水草大王……二一三
闞壯穆……二一三
順應王……二一四
玄壇……二一四
蘇驃騎……二一四

資善福明王……二四
文昌……二四
楊將軍……二五
福順王……二五
神勇將軍……二五
曹王……二六
千勝將軍……二七
馬鳴王……二七
天妃……二七
張司封……二七
施府君……二八
金龍四大王……二八
劉猛將軍……二八
朱相公……二八
晏公……二八
分水龍王……二九
杭郡周城隍……二九

顯聖王……二九
張老相公……二九
周宣靈王……三〇
劉天君……三〇
混炁龐元帥……三〇
李元帥……三一
黨元帥……三一
石元帥……三二
副應元帥……三二
楊元帥……三二
大奶夫人……三三
斬鬼張眞君……三四
蕭公……三四
吳客三眞君……三四
揚州五司徒……三五
五顯靈君……三五
昭靈侯……三六

蔣莊武帥……三六
威濟李侯……三七

卷五　土祀……三九

昌武王……三九
鐵四太尉……三九
吾相公……三九
朱相公……三九
石八娘……三九
英烈鈔侯……四〇
烈士大王……四〇
徐王……四〇
蔣相公……四一
博陸侯……四一
步總管……四一
楊太尉……四一
溫元帥……四一

謝天君……四二
朱元帥……四二
張元帥……四二
辛興苟元帥……四三
風火院田尉……四四
崔府君……四四
靈泒侯……四五

卷六

吉神……四七

東王公……四七
西王母……四七
壽星……四七
張仙……四八
魁星……四八
和合……四八
利市……四九
鍾馗……四九

吉神……四九
增福神、增財神……四九
隨糧王……四九
增福相公……四九
福神……四九
三姑……五〇

卷七　釋　家……五一

阿彌陀佛……五一
觀音……五一
韋馱……五一
四金剛……五二
東土六祖……五二
迦葉……五二
拘若利……五二
十王……五三
彌勒佛……五三

七佛……五四
西土二十七祖……五四
十八阿羅漢……五五
異國十三佛……五六
三世諸佛……五六
二十五聖……五七
十大弟子……五七
馬鳴・龍樹……五七

卷八　道　家

……五九
三清……五九
元始天尊……六〇
眞武……六〇
三官……六〇
王靈官……六一
三茅眞君……六一
吳眞君……六一

玉皇大帝……六一
老君……六二
天師……六三
（各廟之地點）……六四

卷九 仙 教……六五

諸仙……六五
蜀八仙……六五
八仙……六五
壺公……六六
鬼谷子……六六
劉海……六六
許眞君……六七
玉女……六七
女仙……六七
西王母侍女……六八
玄仙道君侍女……六八

上元夫人……六八
玄天二女……六八
南嶽魏夫人……六八
九華眞妃……六九
徐仙翁……六九
葛仙……六九
赤松子（缺）……六九
王子晉（缺）……六九
東方朔（缺）……六九
毛女……六九
黃仙師……七〇
淮南八公……七〇

卷十 雜 神……七一

六丁神……七一
身神……七一
三尸神……七一

長養神……七二
粟麥黍豆神……七二
鏡神……七二
兵器神……七二
機神……七二
船神……七二
床公床婆……七二
衣服神……七三
夢神……七三
厠神紫姑……七三
三相……七三
五通神……七三
樹頭五聖……七四
魚花五聖……七四
九原丈人……七四
五道將軍……七四
土神……七四

痘花五聖……七五
杜主……七五
產神……七五
炊神……七五
釜甑神……七五
祖神……七五
藥王……七五
儺……七五
神君……七六
明王……七六
馬下……七六
蒿里相公……七六
沿江遊奕神……七六
五瘟使……七七
蛇鬼……七七
身神……七七
硯神……七八

筆神……七八
紙神……七八
墨神……七八
戟神……七八
矛神……七八
司書鬼……七八
杵神……七八
香奩物神……七八

名纂……七九

帝王……七九
帝佐、列侯……八〇
聖賢……八一
伯佐……八二
隱逸……八二
雜人……八三
列女……八四

附錄

第一輯 第20册

鑄鼎餘聞

正編 第12種

（新編）鑄鼎餘聞目錄

序……三
鑄鼎餘聞總目（跋）……五
卷一……七
諸神得敕封始於唐……七
諸神生日……八
三十三天……九
三清……一〇
三清衆聖……一一
元始天尊……一一
元始天王　元始十天王……一二

陰陽使者……一三
太上老君……一四
老子……一四
無央聖衆……一五
黔羸……一五
昊天上帝……一五
玄天上帝……一六
玉皇君　東王公　東王父　木公……一六
天門三將軍……一七
三天金闕門下……一八
三天法師……一八
唐葛三眞君……一八
三聖廟　卽護國旌忠廟……一九
四聖廟……二〇
北極佑聖神威玄天上帝……二一
附佑聖咒……二三
龜蛇二將……二三

青龍白虎神……二四
三官　天官　地官　水官……二五
南斗　延壽司……二六
北斗　斗姥……二七
二十八宿姓……二九
文昌神……三三
梓潼帝君張亞子　即英顯武烈王及張相公……三四
魁星……三九
文曲星　武曲星……四一
朱衣神……四一
天聾地啞……四二
九天應元雷聲普化天尊……四二
雷廟　互見雷神……四三
雷部……四四
五雷……四五
雷神……四六
雷公……四七

雷鬼……四八
電母……四九
風伯　風師……五〇
雨師……五一
雲師……五一
霜雪神……五一
謝仙……五二
火祖……五三
火德之神……五三
凌霄女……五三
葛天君……五四
辛天君……五四
王靈官……五五
五顯靈官……五六
永寧昭惠衞國保民五聖顯應靈官……五八
上方山五顯本顧姓……六〇
德興五顯姓林……六一

三茅眞君……六一
許眞君 即九天都仙大使……六六
北嶽眞君……六九
沖虛至德遁世遊樂眞君列子……六九
南華至極雄文宏道眞君莊子……七〇
通玄光暢昇元敏秀眞君文子……七〇
洞靈感化超蹈混然眞君庚桑子……七一
無上太初博文文始眞君尹眞人……七一
垂玄感聖慈化應御眞君徐甲……七二
紫陽張眞人……七二
薩眞人……七四
尹眞人……七六
蓬頭尹眞人……七八
元應善利眞人 王喬……七九
蓑衣何眞人 附王瑤 何宗元 知浹……七九
高唐神女 妙用眞人……八五
柳眞君……八六

王仙師……八六
朝元眞官……八七
申天師……八七
五岳之神……八七
東嶽天齊大帝……八八
附東嶽借壽……九〇
炳靈公……九一
碧霞元君……九三
泰山錄事……九四
驅石神……九六
四海之神……九七
五龍……九八
海童……九九
馬銜……九九
天吳……一〇〇
東海助順孚聖廣德威濟王　卽東海神……一〇〇
頂山白龍神……一〇一

德淵廟龍神　附靈洽廟　靈溥廟　靈渥廟……一〇一
樂清縣龍母廟……一〇二
浙江海神……一〇四
推潮鬼……一〇四
金龍四大王……一〇五
天妃……一〇七
卷二……一一三
江神……一一三
奇相……一一三
李冰　二郎神　卽靈顯廟……一一四
淸源妙道眞君趙昱……一一七
淮水神……一一八
靈源神祐宏濟王　卽黃河神……一二〇
洛子神……一二〇
水府三官……一二一
馬當廟……一二一
波神陽侯……一二三

倉聖　蒼聖　蒼王……一二四
關帥　附子平、與……一二五
周倉……一二八
崇寧眞君……一二九
關大王……一二九
張大帝……一三〇
武烈大帝……一三五
聖山靈康白鶴大帥　卽靈順顯祐廣惠王　趙侯廟……一三九
忠靖王　疑卽溫元帥……一四一
忠靖威顯靈祐英濟王張抃　潭州有忠靖王廟宋曾致堯撰碑……一四三
黑神南霽雲……一四四
東平忠靖王……一四五
景佑眞君廟……一四六
顯忠廟……一四六
孚應昭烈王……一四七
千勝小王……一四七
靈祐王……一四七

威惠廣祐王……一四八
靈應忠嘉威烈惠濟廣靈王 卽永泰王廟及鮑郎祠……一四八
永泰王 忠嘉神聖惠濟廣靈王……一五〇
康王廟……一五五
義忠王梁山伯廟……一五八
霍王廟 金山大王 顯忠廟……一六一
顯祐廟……一六二
伍胥廟……一六四
江東廟 嘉濟廟……一六六
絳侯周勃廟……一六七
張翼德廟……一六八
禰衡廟……一七〇
甘興霸廟 卽富池昭勇廟……一七一
晉孔愉廟……一七二
范明廟……一七二
慈濟廟……一七三
九眞廟……一七四

顯應廟……一七五
婁敬眞身祠神像……一七六
齊景公廟……一七六
漢高帝廟……一七七
周赧王廟……一七七
仁靖公微子……一七七
仁獻公箕子……一七八
仁顯忠烈公比干……一七八
讓王泰伯……一七八
吳恭孝王仲雍……一七八
顯聖王周公……一七九
武靈王諸葛亮……一七九
英義武惠正應王周處……一七九
靈應侯郭璞……一七九
文貞公杜甫……一八〇
文節昌平侯劉蕡……一八〇
南庭忠烈靈惠王危全諷……一八〇

護國英仁武烈忠正福德鎭閩尊王……一八〇
昇元明義眞君劉綱　昇眞妙化眞君……一八一
周仙王廟……一八一
周宣靈王……一八二
護國忠臣顯靈王……一八五
水平王……一八六
平水王　即横山周公廟太和沖聖帝……一八六
孚德廟正肅英烈王張鉉　平水王之佑神……一九一
岱石王……一九二
馬鳴王裴璩……一九三
菩提王廟……一九四
湯王廟……一九四
顯應公……一九五
顯應廟……一九五
鄧公廟……一九六
蔣侯……一九七
護國忠烈昭濟顯應侯王維……一九八

靈應廟廣福威烈侯葉……一九九
靈濟侯陳賢……二〇〇
顯德靈徽侯姚器廟……二〇一
協順廟廣靈侯陸……二〇二
河平侯祠……二〇三
忠潔侯……二〇四
利隱侯……二〇四
翊應侯……二〇四
靈濟侯……二〇五
福濟廣利侯……二〇五
忠烈侯……二〇六
張忠惠侯……二〇七
忠烈武義侯……二〇七
靈助侯……二〇八
中山永定公劉太尉……二〇八
秦太尉……二〇九
鐵四太尉……二〇九

靈順安邦寧國衞民侯方使太尉……二一〇
褚太尉……二一一
屠太保……二一二
盧太保……二一二
沈七太保……二一二
水仙太保……二一三
朱司徒……二一三
柴司徒……二一三
陳司徒……二一四
陶李司徒……二一四
太乙司徒……二一四
金李二司徒……二一四
伏虎茅司徒……二一五
黃司空廟……二一七
九天僕射夷齊……二一八
李僕射……二一九
神霄玉府都督大元帥　即晏公及平浪侯……二一九

昭惠永甯大元帥王于……………………………………………………………一二〇
靖國衞民大元帥花敬定……………………………………………………………一二一
五代元帥……………………………………………………………一二二
天門都督……………………………………………………………一二三

卷三……………………………………………………………一二五
猛將廟……………………………………………………………一二五
劉猛將軍……………………………………………………………一二五
甘將軍廟　江東廟……………………………………………………………一二七
胡將軍廟……………………………………………………………一二八
威靈顯化趙將軍……………………………………………………………一二九
百蟲將軍……………………………………………………………一三〇
衞將軍……………………………………………………………一三〇
蘇將軍……………………………………………………………一三一
宋將軍……………………………………………………………一三一
賀將軍……………………………………………………………一三一
盛將軍……………………………………………………………一三二
朱將軍……………………………………………………………一三二

閻將軍……二三三
卜將軍……二三三
射龍將軍……二三四
五戶將軍……二三四
石信將軍……二三五
弋武將軍……二三五
天道將軍……二三五
龍洞將軍……二三六
陽武四將軍……二三六
白馬將軍……二三六
申將軍……二三七
周將軍……二三七
溫將軍……二三七
觸鋒將軍……二三八
龔將軍……二三九
忠烈將軍……二三九
蕭將軍……二四〇

徐將軍……二四〇
許將軍 靈威王 義安侯……二四〇
五道將軍……二四一
韓將軍……二四一
利濟侯金元七總管……二四二
吳總管……二四四
管七廟……二四五
金都尉……二四五
蔡判官……二四六
崔府君……二四六
九山府君……二四八
弋府君……二四八
施府君……二四九
楊府君……二五〇
佘使君廟……二五一
靈惠侯周孝子……二五三
李烈士……二五五

城隍……二五六
紹興城隍……二六〇
臺州府城隍……二六一
土主廟……二六二
九州神主阮使相公……二六三
白馬相公……二六四
閏八相公……二六四
朱相公 卽朱六郞及紫微侯……二六五
顧相公……二六五
徐相公……二六五
白沃使君……二六七
金大伯公……二六七
戚公子……二六八
辟蛇童子……二六八
井泉童子……二六九
土地……二六九
土公……二七一

附土地公公生日……二七一
社公……二七二
住宅土地……二七三
后土正神……二七三
龍驤將軍滁全和含都土地……二七四
清眞宮土地……二七五
李衞公……二七五
馬明王 卽馬頭娘……二七六
明王……二七八
社稷明王……二七八
社瀆明王……二七八
四道明王……二七八
露天明王……二七九
博士明王……二七九
蔣靈明王……二七九
顯跡明王……二七九
無澤明王……二八〇

李澤明王……………………………………二八〇
四澤明王……………………………………二八〇
四大明王……………………………………二八〇
沈大明王……………………………………二八一
紫宮明王……………………………………二八一
潘景明王……………………………………二八一
吳王……………………………………二八一
越王……………………………………二八一
湯王……………………………………二八二
蕭王……………………………………二八二
威相王……………………………………二八二
潘祁丕王……………………………………二八二
谿王之神……………………………………二八三
皮場大王……………………………………二八三
梨山大王……………………………………二八五
要離大王……………………………………二八六
莫邦大王……………………………………二八六

胥吳大王……二八七
孫吳大王……二八七
春申大王……二八七
徐偃大王……二八七
高城大王……二八八
晏城大王……二八八
祝城大王……二八八
福順大王……二八八
福善大王……二八九
最仁大王……二八九
安邦大王……二八九
護國大王……二九〇
姚王大王……二九〇
何王大王……二九〇
翁聖大王……二九〇
徐善大王……二九〇
裴虺大王……二九一

湯明大王……二九一
陳曹大王……二九一
蘇李大王……二九一
庚金大王……二九一
柳楊大王……二九二
蘆荻大王……二九二
上支大王……二九二
支墅大王……二九二
朱舍大王……二九三
沙營大王……二九三
宿金大王……二九三
伍相大王……二九三
保安大王……二九四
新產大王……二九四
傀儡大王……二九四
休留大王……二九四
牛頭大王……二九五

轉智大王……二九五
草鞵大王……二九五
景雲大王……二九七
桑墩四大王……二九八
竇大王……二九八
水草大王……二九八
白馬大王……二九八
白石大王……二九九
漁父仙王……二九九
尚境仙王……三〇〇
東殿聖王……三〇〇
九郎聖王……三〇〇
大聖山王……三〇一
西風大聖廟……三〇一
何舍信王……三〇一
桑倫信王……三〇二
東大仁王……三〇二

東始齊王……三〇二
周白舍王……三〇二
宋監傷……三〇二
顧三郎……三〇三
陶四郎……三〇三
潘七郎……三〇三
白八郎……三〇三
白馬三郎……三〇四
玄陵三郎……三〇四
玄陵四郎……三〇四
攀花五郎……三〇四
西官七郎……三〇五
招寶七郎……三〇五
張十六郎……三〇五
張十七郎……三〇五
陶四郎……三〇六
陳九郎　即靈通感應安邦王　護國大聖……三〇六

五郎……三〇七
五通……三〇七
獨脚五通……三〇九
福德五通……三一〇
五聖……三一〇
樹頭五聖……三一〇
魚花五聖……三一一
湖州五聖……三一一
八赤五相……三一二
西王母廟……三一二
武婆婆……三一四
黃道婆……三一四
昭靈夫人廟……三一五
孝祐夫人……三一六
順懿夫人　臨水夫人　陳夫人……三一六
赤石夫人……三二〇
石笥夫人　順天夫人……三二一

妙應柳夫人　痘神……三二一
燕國夫人……三二二
慧感靈孝昭順純懿夫人……三二三
慧感顯應善利夫人……三二三
中山夫人……三二五
茉莉夫人……三二五
眞國夫人……三二六
陳社夫人……三二六
祝七夫人……三二七
上仙夫人……三二七
眞姑夫人……三二七
勝姑夫人……三二八
三沼夫人……三二八
獨樹夫人……三二八
煬帝夫人……三二八
安濟夫人……三二九
上虛夫人……三二九

浣花夫人……三三〇
保珠娘娘　珠媽廟　痘神……三三〇
武陵娘子……三三一
蘇小娘子……三三二
石魚娘子……三三二
八字娘娘……三三二
楊九娘……三三三
花四娘……三三三
聖七娘……三三三
露筋娘娘……三三四
柏姬廟　白雞廟……三三五
雙姑……三三六
邢三姑……三三七
七姑子……三三七
聖姑　昇姑……三三八
新村聖姑……三三九
楚姑……三四〇

女郎廟……三四〇
三姑廟 吉陽廟……三四一

卷四……三四三
十二仙……三四三
馬自然……三四四
蜀八仙……三四六
附仙宗十友……三四七
范長生……三四七
鍾離先生……三四八
呂純陽……三五〇
鐵拐李……三五五
曹休……三五六
曹拮休……三五七
韓湘……三五八
何仙姑……三五九
馬仙姑……三六七
張三手 卽張邋遢亦作張剌達……三六七

周恢……三七〇
劉海蟾……三七二
附道家南北二宗……三七三
附方士僞託……三七四
和合　萬迴……三七六
鍾馗……三七九
神和子……三八四
明眞子……三八五
木牌王……三八六
藥王廟　藥王菩薩……三八七
醫王廟……三八九
花神……三八九
機神廟……三九〇
中堂神王……三九一
門神　門丞戶尉……三九一
五路神　五部神　財神……三九二
利市仙官　利市婆官……三九四

玄壇……三九四
趙公明……三九五
竈神……三九五
竈君……三九六
竈王……三九七
附跳竈王……三九七
竈公竈婆……三九七
竈馬　竈界……三九七
祀竈神　謝竈……三九八
附接竈……三九九
附送竈……四〇〇
附竈經……四〇〇
附點竈燈……四〇〇
牀公　牀婆……四〇一
厠神　紫姑　厠姑　坑三姑娘……四〇一
金馬碧雞之神……四〇二
白馬廟……四〇四

蛇王廟……四〇五
青蛙使者……四〇五
祀尉遲公……四〇九
餅師祀漢宣帝……四〇九
宗三舍人　鬆三爺……四一〇
馮大王……四一〇
楠木大王……四一一
附木龍……四一二
孟公孟姥……四一二
老郎廟……四一三
白眉神……四一四
田相公……四一四
人身諸神名……四一五
三尸神……四一五
十殿閻王……四一六
附孟婆湯　還魂湯……四一八
附奈何橋……四一九

附業鏡臺……四二〇
附寄庫……四二〇
附鬼門關……四二一
地獄異說……四二二
五方鬼帝所治山……四二二
酆都陰君　羅酆……四二三
女青……四二四
太歲……四二四
避煞……四二五
金神七煞……四二六
九梁煞　九梁星……四二六
七傷官……四二七
形夭……四二七
夜叉　飛天夜叉……四二八
陳仁嬌　赤蝦子　樹杪間人……四二九
大慈大悲更生如來……四三一
華光如來……四三一

附極樂世界……四三二
定光佛……四三三
普光功德山王佛　善住功德寶王佛……四三四
普陀山大士現身……四三五
觀音大士……四三六
白衣觀音……四三八
魚籃觀音……四四一
普賢文殊後身……四四一
普賢大士……四四三
龍猛大士……四四三
泗州大聖　泗州文佛……四四四
十六羅漢……四四五
十八羅漢……四四七
五百羅漢……四四八
諾詎羅尊者……四四九
四天王　卽四金剛……四五一
托塔天王……四五三

那吒太子……四五三
木叉……四五三
密跡金剛……四五四
韋馱……四五四
六祖眞身……四五六
布袋和尚……四五六
蟻衣禪師……四五七

第一輯
第21册

新義錄

正編
第13種

(新編)新義錄目錄

序……三
跋……七

(原)新義錄卷九十目錄……九

鬼神類一……一一
文廟祀典原始……一一
丁祭用二仲上丁始於唐……二七
武廟祀典原始……二八
漢壽亭侯明初未載祀典……三一
周倉可考……三三
關索爲神……三五

文昌本末……三七
學宮不宜祀文昌……四五
學宮可祀文昌……四六
學宮不宜祀魁星……四八
朱衣神……五〇

(原)新義錄卷九十一目錄……五一

鬼神類二……五七
東嶽大帝本末……五七
泰山號天齊之誤……六一
各府州縣不宜建東嶽廟……六二
泰山治鬼……六三
五嶽神姓名之僞……六七
四海神及夫人姓名之僞……六八
天妃有三……六九
天妃本末……七〇
天妃非女……七四

天地水三官……七四
金龍四大王……七八
河伯馮夷姓名不一……八一
伍子胥爲潮神之謬……八三
潮神不止伍子胥……八四
二郎神有二……八五
楊泗將軍……八六
晏公廟……九四
玄壇神趙公明……九五
蘇杭機神姓名……九六
藥王不獨孫思邈……九七
劉猛將軍之說不一……九八
八蜡之說不同……一〇〇
六神之說不一……一〇二
司命非竈君……一〇四
竈神實老婦……一〇五
吳王夫差爲神……一〇六

吳祀范蠡之非……一〇七
蜀劉璋爲神……一〇八
吳主孫皓爲神……一〇八
汪公先敗後降之誣……一〇九
汪公保障六州當在降唐後……一一〇
汪公廟亦可稱吳王廟……一一三
九相公……一一四
太子廟祀張巡之誤……一一五
周宣靈王非孝侯……一一五
露筋祠五解而以貞女之說爲是……一一八

(原)新義錄卷九十二目錄

……一二一
鬼神類三……一二五
閻羅王有非正人之說……一二五
十殿閻王之說始於宋……一二八
閻羅命名之義……一二九
城隍……一三〇

土地……一三五
祭土地神見禮記檀弓……一三七
地獄……一三七
十八地獄……一三九
涂河橋……一四〇
鍾馗非眞……一四一
神荼鬱壘爲門神其說不一……一四七
五聖五顯卽五通……一四八
厠神姓名不一……一五一
樟柳神……一五三
歷代崇封忠賢……一五三
國朝祀典所載羣臣姓名封號……一五五
祀神謬誤……一五八
紙錢……一六〇
紙馬……一六六
焚紙人紙馬有至理……一六七

(原)新義錄卷九十三目錄

……一六九
仙類……一七五
彭祖卽老聃……一七五
老聃非今亳州人……一八一
太上老君有二……一八二
老子化佛……一八三
老子爲商容弟子……一八四
老子遇尹喜不在函谷關……一八四
元始天尊……一八五
眞武祖師……一八六
許眞君……一八九
西王母之說不一……一九二
西王母姓名亦不一……一九五
驪山老母……一九五
八仙原始……一九七
漢鍾離非姓漢……一九八

鐵拐李即李八百……一九九
呂翁非洞賓……二〇〇
呂洞賓著書之僞……二〇一
呂洞賓游黃鶴樓之訛……二〇二
呂洞賓渡柳仙之訛……二〇三
戲白牡丹非呂洞賓……二〇五
韓湘子非文公姪孫……二〇五
韓湘子著書之訛……二〇七
曹國舅非慈聖太后之弟……二〇八
藍采和有踏踏歌……二〇九
藍采和非姓名……二一一
何仙姑之說不一……二一一
八仙無何仙姑……二一三
八仙有二……二一四
張仙打彈……二一五
張天師亦有打彈事……二一九
張天師本末……二二〇

劉海爲遼宰相……二二六
庥姑之說不一……二二七
藐姑仙子非女……二二八
緱嶺仙人爲王子喬之誤……二二八
王子晉登仙之僞……二二九
桃源避秦人皆不死之誤……二三〇
仙名別見……二三一
道家三清之妄……二三三
扶乩當作扶箕……二三三

(原)新義錄卷九十四目錄……二三五

釋　類……二三九
觀音非婦人……二三九
觀音女兄弟三人……二四三
千手千眼觀音……二四四
魚籃觀音之誤……二四五
白衣觀音之誤……二四六

補陀山有四而皆祀觀音……二四七
五百羅漢……二四九
十六羅漢非十八……二五〇
四大金剛……二五五
金剛不止四人……二五六
韋馱非護法神名……二五七
王靈官……二五八
天王堂……二六一
托塔天王……二六二
哪吒……二六二
濟顚……二六三
風僧……二六五
月明和尚駝翠柳之誤……二六七
盂蘭盆會不始於目蓮……二六八
中元節救母事不獨目蓮……二七一
迎佛不始於漢明帝……二七一
佛骨之僞……二七七

一人不得稱僧……二八〇
少林寺僧……二八〇
和尚娶妻食肉……二八一
尼姑……二八二
崇正辨……二八三
佛者九流之一家……二八九
輪廻報應之說佛所深畏……二九三
經史亦載果報之說……二九四
三教之說之妄……二九四
釋道毀聖賢之妄……二九九
佛老長生之僞……二九九
僞仙僞佛可辨……三〇〇

第一輯 第22 23冊 集說詮眞 正編 第14種

（新編）集說詮眞目錄

自序……三
序……七
先儒姓氏……九
引用書目……一一
續書目……二四
凡例……二五

（原）集說詮眞目錄……三一

第一册……三九
太極……三九

孔子……六一
老君……九五
釋迦佛……一二三
元始天尊……一五一
三清……一五五
玉皇上帝……一五九
金闕上帝　玉闕上帝……一六五
玄天上帝　眞武　北極佑聖眞君……一六七
關帝……一七五
第二冊……一九一
文昌帝君　梓潼帝君……一九一
魁星……二二五
社稷……二三一
后土……二四三
城隍……二五三
土地……二九一
十殿閻王　閻羅王……二九九

地藏王……三一九
竈君……三二五
觀音……三四九
天妃　天后……三七七
第三冊……三八九
蠶女　非衣神……三九一
坑三姑娘……三九七
紫姑神　三姑……四〇一
張天師……四〇五
仙人　東王公　西王母　李八百……四四三
八仙……四五五
劉海……四七九
和合……四八三
劉猛將軍　劉太尉……四八五
三茅君　佐聖眞君……四八九
蕭公……四九三
晏公……四九五

許眞君……五〇一
三官　三元……五一三
五聖……五一七
五嶽……五二九
龍王……五三五
福神……五六五
財神　接路頭……五六九
開路神……五七七
神荼鬱壘　桃符……五八三
門神將軍……五八七
第四册……五九三
鍾馗……五九五
痘神……六〇九
哼哈二將……六一三
天王……六一七
羅漢……六二一
魯班　公輸子……六二七

張仙……六三一
灌口神　二郎神……六三九
天將王靈官隆恩眞君　薩守堅崇恩眞君……六四三
祠山張大帝……六五一
太一……六六五
太歲……六七五
壽星……六九九
火神……七〇九
水神　河伯　海神　四海神　波濤神　江神　川澤神　池神
漢神　洛神　太湖水神　淮渦水神　水仙……七一七
風伯　雨師……七四七
雷公　電母……七六一
跋……七九五

第一輯 第24册

集說詮眞續編

正編 第15種

（新編）集說詮眞續編目錄

序……三

（原）集說詮眞續編目錄……五

岳鄂王 武穆王……九
施相公……一五
忠佑武烈大帝 陳司徒……一九
五司徒……二七
都天神……二九
蔣相公……三三
溫元帥……三五

五代元帥　雷海青……三九
藥王……四五
瘟神……五三
羅神　眼目司　明目侯……五九
黃道婆……六一
陳夫人……六五
柏姬　白鶏……七一
七姑子……七五
糊塗……七七
總管　利濟侯……七九
戚公子……八三
蛇王……八五
青蛙神……九一
石敢當……九九
掃晴娘……一〇三
牀神……一〇五
蕭王……一〇七

附錄

第一輯 第24册

集說詮眞提要

正編 第16種

（新編）集說詮眞提要目錄

序……三

（原）集說詮眞提要目錄……七

徵有造物主……一九
天地人類有始徵一……二三
萬物不能自生徵二……二五
天象運旋不爽徵三……二六
上主係自有……二七
考儒釋道三教源流……三一
儒家而尊自非釋道……三二
釋教自尊而非儒教……三四

道家自尊而非儒教……三六
釋道兩家互相爭勝……三八
儒教創始……四〇
儒教相傳……四一
儒教傾頹……四一
孔子繼統……四二
儒教分裂……四三
孟子續統……四三
儒教絕統……四四
經典遭厄……四五
經典初厄……四六
經典二厄……四八
經典三厄……五〇
經典四厄……五一
經典五厄……五三
經典六厄……五五
經典七厄……五五

著僞書……五六
經典八厄……五六
印板創始……五七
經典九厄……六三
經典十厄……六四
周易來歷……六五
著僞書……六六
尙書來歷……六八
著僞書……七〇
儒家說經破碎穿鑿……七一
筆墨紙創始……七五
詩經來歷……七六
禮記來歷……七七
周禮來歷……七八
儀禮來歷……八〇
春秋來歷……八一
論語來歷……八三

孟子來歷……八五
學庸來歷……八八
孝經來歷……八八
爾雅來歷……九二
訓詁異説……九三
古儒大旨……九八
宋儒新旨……一〇一
釋教原始……一〇四
中國始聞釋教……一〇四
漢時釋教……一〇五
南北朝時釋教……一〇六
隋時釋教……一一二
唐時釋教……一一二
五代時釋教……一二〇
宋時釋教……一二三
元時釋教……一二四
明時釋教……一二八

釋教大旨……一二九
道教原始……一三二
秦時道教……一三六
漢時道教……一三七
南北朝時道教……一四二
隋時道教……一四四
唐時道教……一四四
宋時道教……一五二
元時道教……一五八
明時道教……一五八
道教大旨……一六三
總收三教……一六六
佛老誕妄……一六六
釋經非浮屠氏本書……一六八
道教非創自老子……一六九
釋道兩家互相剽竊……一七二
先儒正眞……一七六

太極說非古儒正旨……一七七
兼儒徒有儒名……一八〇
太極正解……一八三
宋儒之旨爲新說……一八四
註解不可盡信……一八八
今存經籍未備性教大道……一九五
總結全篇立論之旨……二〇二
辨述事眞僞……二〇五
論見知述事……二〇九
論聞知傳述……二一二
論遠世傳述……二一五
論書籍眞僞……二一八
論書籍述事……二二二
論直僞近是疑似……二二四
論事可有叵有……二二六
論審辨叵有之事……二三〇
論靈奇……二三四
論審辨靈奇妖異……二三五

第一輯　第25～28冊

古今圖書集成

神異典・神仙部

正編　第17種

（新編）古今圖書集成神異典・神仙部目錄

神異典第二百二十一卷……一

神仙部彙考一……一

眞靈位業圖……一

雲笈七籤　道教相承次第錄……七

鴻苞　諸眞……一〇

神異典第二百二十二卷……一三

神仙部彙考二……一三

元始眞人……一三

東王公……一五

西王母……二七
太上道君……三三
上淸高聖太上玉晨大道君……三四
上淸眞人總仙大司馬長生法師主三天君……三六
太微天帝君……三八
東方淸靈始老君……三八
南方丹靈眞老君……四〇
中央黃老君……四一
西方皓靈皇老君……四一
北方五靈元老君……四二
靑要帝君……四三
南極長生司命君……四四
中天玉寶元靈元老君……四五
赤明天帝……四五
南極尊翁……四七
通元天師……四八
有古大先生……四八

鬱華子……四八
大成子……四八
赤松子……四九
廣成子……四九

神異典第二百二十三卷……五一

神仙部彙考三……五一
黃帝……五一
老子……七六

神異典第二百二十四卷……一〇三

神仙部列傳一……一〇三
上古……一〇三
馬師皇……一〇三
赤將子輿……一〇三
左徹……一〇三
甯封子……一〇三

桐君……………………………………………一〇四
洪崖先生……………………………………一〇五
三皇時仙姑…………………………………一〇五
浮丘公………………………………………一〇五
容成公………………………………………一〇七
隨應子………………………………………一〇七
赤精子………………………………………一〇七
綠圖子………………………………………一〇七
展上公………………………………………一〇七
陶唐氏………………………………………一〇八
許由…………………………………………一〇八
巢父…………………………………………一〇九
偓佺…………………………………………一〇九
方回…………………………………………一〇九
務成子………………………………………一一〇
太姥…………………………………………一一〇
何侯…………………………………………一一〇

高遠先生……一一一
劉施言……一一一
夏后氏……一一一
雲華夫人……一一一
眞行子……一一四
錫則子……一一四
嘯父……一一四
師門……一一四
務光……一一五
商……一一五
仇生……一一五
宛丘先生……一一五
白石先生……一一六
彭祖……一一六
青烏公……一三一
黃石君……一三一
趙道隱……一三一

西極摠眞君……………………………………一二一
昌容……………………………………………一二二

神異典第二百二十五卷……………………………一二三

神仙部列傳二……………………………………一二三
周一…………………………………………一二三
蔡瓊…………………………………………一二三
長桑公子……………………………………一二三
鬼谷先生……………………………………一二三
葛由…………………………………………一二五
萬輔先生……………………………………一二六
匡續…………………………………………一二六
尹喜…………………………………………一二六
尹軌…………………………………………一二七
杜冲…………………………………………一二九
周穆王………………………………………一三〇
化人…………………………………………一三一

意而子……一三二
李八百……一三三
李眞多……一三四
李明香……一三五
宋倫……一三五
韓偉遠……一三六
馮長……一三六
玉子……一三七
離明……一三七
蕭史……一三八
馬丹……一三八
赤須子……一三九
介之推……一三九
王子喬……一四〇
長桑君……一四二
陸通……一四三
屈處靜……一四四

琴高……一四四
蘇林……一四五
寇先生……一四八
范蠡……一四八

神異典第二百二十六卷……一五三

神仙部列傳三……一五三
周二……一五三
莊周……一五三
墨子……一六五
任光……一六六
燕昭王……一六七
甘需……一六七
元天二女……一六七
商丘開……一六八
酒客……一七〇
卭疏……一七〇

涓子……一七二
祝雞翁……一七一
桂父……一七一
瑕丘仲……一七三
平常生……一七二
元君……一七二
九元子……一七二
龔仲陽……一七二
上黃先生……一七二
蒲先生……一七二
常生子……一七三
長存子……一七三
杜宇……一七三
幼伯子……一七三
董雙成……一七三
盧子綦……一七三
喬順……一七三

秦……一七四
茅濛……一七四
王次仲……一七四
徐福……一七五
西門君……一七六
河上丈人……一七六
安期生……一七七
周正實……一七八
華子期……一七八
盧侯二生……一七八
盧遨……一七九
若士……一七九
郭四朝……一八〇
毛女……一八一
梅姑……一八一
劉瑤英……一八一
孔丘明……一八二

何紫霄……一八二
馬成子……一八二
丙穴道人……一八二

神異典第二百二十七卷……一八五

神仙部列傳四……一八五
漢一……一八五
黃石公……一八五
張良……一八六
周栖野……一九五
清平吉……一九五
朱仲……一九五
匡俗……一九六
韓稚……一九六
裴元仁……一九七
李意期……二〇四
河上公……二〇五

蘇僊公……………………二〇七
劉京……………………二〇八
魯少千……………………二〇九
司馬季主……………………二〇九
董子陽……………………二一三
鮑叔陽……………………二一三
王探……………………二一四
劉諷……………………二一四
脩羊公……………………二一四
子主……………………二一四
茅盈……………………二一五

神異典第二百二十八卷……………………二三五

神仙部列傳五……………………二三五
漢二……………………二三五
漢武帝……………………二三五

神異典第二百二十九卷……二五三

神仙部列傳六……二五三

漢三……二五三

上元夫人……二五三

王母使者……二五六

月支使者……二五七

泰山老父……二五九

巫炎……二五九

淮南王安……二六〇

八公……二六七

王仲高……二六八

伯山甫……二六九

車子侯……二六九

劉憑……二六九

東方朔……二七一

神異典第二百三十卷……二九五

神仙部列傳七……二九五

漢四……二九五
谷希子……二九五
李充……二九五
孟岐……二九五
黃安……二九六
稷丘君……二九六
郭延……二九六
李少君 附文成……二九七
山世遠……二九九
脩叔卿 附度世、梁伯……三〇〇
孔安國 附陳伯……三〇一
王興……三〇三
朱璜……三〇三
阮丘……三〇三

戴孟……三〇四
山練師……三〇四
李根……三〇五
鉤翼夫人……三〇六
周義山……三〇六
張微子……三一二
王褒……三一二
宮嵩……三一七
王仲都……三一八

神異典第二百三十一卷……三一九

神仙部列傳八……三一九
漢五……三一九
梅福……三一九
韓終……三二四
黃景華……三二五
劉根……三二五

谷春……三二八
唐公昉……三二九
南陽公主……三二九
鹿皮翁……三三〇
山圖……三三〇
赤斧……三三一
陰生……三三一
崔文子……三三一
騎龍鳴……三三二
主柱……三三二
谿父……三三二
陶安公 附二女……三三二
呼子先 附酒家母……三三三
負局先生……三三三
陵陽子明 附子安……三三四
邗子……三三四
木羽……三三四

犢子……三三五
李阿……三三五
李仲甫……三三六
趙瞿……三三七
陽翁伯……三三八
張穆子……三三八
童子先生……三三八
九源丈人……三三八
陽生……三三九
元都先生……三三九
黃列子……三三九
公孫卿……三三九
蔡長孺……三三九
延明子高……三四〇
崔野子……三四〇
靈子眞……三四〇
任敦……三四〇

敬元子……三四〇
帛舉……三四一
徐道季……三四一
趙叔期……三四一
章全素……三四二
王妙想……三四三
傅先生……三四六
趙威伯……三四七
龍述……三四七
趙素臺……三四七
子英……三四八
文賓……三四八
商丘子胥……三四八
莊君平……三四八
王瑋元……三四九
徐生……三四九
欒長子……三五〇

張眞君……三五〇
徐仙……三五〇
張麗英……三五〇
劉越……三五一
度索君……三五一
清溪道士……三五二
戴火仙……三五二
賣薑翁……三五二
石鐘眞人……三五二
蘭公夫婦……三五三
鄧啞子……三五三
張士衡……三五三
盧眞人……三五三
王順……三五三
吳睦……三五四
楊雲外……三五四
翟法言……三五四

神異典第二百三十二卷……三五五
神仙部列傳九……三五五
後漢一……三五五
史通平……三五五
嬌愼……三五五
徐來勤……三五六
張道陵……三五六
孫夫人……三六二
王喬……三六三
劉晨……三六三
阮肇……三六三
元俗……三六四
方儲……三六四
張皓……三六五
陰長生……三六五
欒巴……三六七

路光……三六九
張楷……三六九
王遠……三七〇
麻姑……三七三
蔡經……三七四
淳于斟……三七四
夏馥……三七四
欒長治……三七五
劉寬……三七五
青谷先生……三七七
馬鳴生……三七七
太眞夫人……三八一
張衡……三八五
鄭安期……三八六
王思眞……三八六

神異典第二百三十三卷

……三八七

神仙部列傳十……三八七

後漢二……三八七
上成公……三八七
薊子訓……三八七
靈壽光……三九〇
費長房……三九〇
壺公……三九二
計子勳……三九三
折像……三九四
魯女生……三九四
王和平……三九五
成仙公……三九五
魏伯陽……三九七
孫博……三九八
莊伯微……三九九
劉道偉……三九九
盧耽……三九九

昌季……四〇〇
李奚子……四〇〇
韓西華……四〇〇
竇瓊英……四〇一
劉春龍……四〇一
郭叔香……四〇一
何氏九仙……四〇一
劉玥……四〇二
張奉……四〇二
眞武……四〇二
郎宗……四〇三
曹仙媼……四〇三
金甲……四〇三
麻衣仙姑……四〇四
袁起……四〇四
董仲……四〇四
瞿居……四〇五

涉正……四〇五
姚俊……四〇五
蕭綦……四〇五
劉綱……四〇六
樊夫人 附逍遙……四〇六
東陵聖母……四〇八
東華帝君……四〇九
鍾離簡……四〇九
鍾離權……四〇九
左慈……四〇九
孔元方……四一三
呂恭……四一四
沈建……四一五
太元女……四一五
程偉妻……四一六
鳳綱……四一六
天門子……四一七

神異典第二百三十四卷……四一九

神仙部列傳十一……四一九

後漢三……四一九

張卞……四一九

張玉蘭……四一九

張魯……四二〇

杜蘭香 附張碩……四二〇

李常在……四二一

沈羲……四二二

陳安世 附權叔本……四二四

劉政……四二五

沈文泰 附李文淵……四二六

皇化……四二六

陰恆……四二六

李修……四二七

柳融……四二七

葛越……四二七
董仲君……四二八
黃敬……四二八
陳長……四二九
陳永伯附增族……四二九
陳子皇……四二九
范幼沖……四三〇
封衡……四三〇
張元賓……四三一
劉眞人……四三一
張正禮……四三一
魏……四三二
吳丹……四三二
焦先……四三二
王表……四三五
郝姑……四三六
王暉……四三六

趙廣信……四三六
吳……四三七
干吉……四三七
葛元……四三八
張元化……四四一
介象……四四二
盧翁生……四四四
介琰……四四四
杜契……四四五
孫寒華……四四五
桝衣仙……四四五
董奉……四四六
帛和……四四八
姚光……四四八
徐光……四四九
嚴青……四四九
陳惲……四五〇

朱孺子……四五〇

神異典第二百三十五卷……四五三

神仙部列傳十二……四五三

晉一……四五三
鮑靚……四五四
李盤白……四五五
鄭思遠……四五五
孫登……四五五
周太賓……四五七
姜叔茂……四五七
丁義……四五七
吳猛……四五七
許眞君……四六〇
諶母 附孝道明王……四六四
蘭公……四六五
鍾離嘉……四六七

王長史……四六七
許大……四六七
千大……四六八
旴母……四六八
旴烈……四六九
黃仁覽……四六九
黃昌……四七〇
甘戰……四七〇
彭抗……四七〇
施岑……四七〇
羅文佑……四七一
洪施時眞君……四七一
陳興明……四七二
鮑蓋……四七二
梁盧……四七三
謝允……四七四
王遙……四七四

王郭二仙……四七五
尹思……四七六
王烈……四七六
施存……四七七
劉道成……四七七
易退……四七八
潘茂明……四七八
房日茨……四七八
尹道全……四七九
王子瑤……四七九
劉懿眞……四八〇
郭文……四八〇

神異典第二百三十六卷……四八五

神仙部列傳十三……四八五
晉二……四八五
丁令威……四八五

郭志生……四八五
竇子明 附子安、費氏、二女……四八六
魏夫人 附黃靈徽……四八八
茶姥……四九四
郭璞……四九五
皇初平 附初起……五〇五
班孟……五〇六
葛洪……五〇六
鮑姑……五一〇
黃野人……五一一
賀欒……五一一
羅秀……五一二
文斤……五一二
陶淡……五一四

神異典第二百三十七卷……五一五

神仙部列傳十四……五一五

晉三……五一五
羊權……五一五
蕚綠華……五一五
麻衣子李和……五一六
王元甫……五一七
平仲節……五一七
王嘉……五一七
孟欽……五一九
楊羲……五一九
杜昺……五二一
許邁……五二三
許穆……五二四
許虎牙……五二五
許翽……五二六
許黃民 附娥皇、伯聯、榮、瓊輝……五二七
扈謙……五二八
董幼……五二九

湯周二仙……五三〇
馬儉……五三〇
劉摩訶……五三〇
石垣……五三一
園客……五三一
葉遷韶……五三二
朱庫……五三三
姜伯眞……五三三
嵩山叟……五三三
蔡女仙……五三四
元陽子……五三四
謝仲初……五三五
丁秀英……五三六
落魄仙……五三六
痲姑……五三六
聖姑……五三七
素姑……五三七

彭宗……五三七
袁眞君……五三七
李仙姑……五三八
文慧通……五三八
徐戀……五三八
許詢……五三八
許元……五三八
袁根……五三九
柏碩……五三九
蓬萊道人……五三九
徐公……五四〇
鄧眞人……五四〇
張先生……五四〇
羅翼眞人……五四〇
劉六眞人……五四〇
薛女貞……五四〇
盧童子……五四一

抱犢子……五四一
陳仲舉……五四一
紫團眞人……五四一
衍客……五四一

神異典第二百三十八卷……五四三

神仙部列傳十五……五四三

宋……五四三
宗超之……五四三
范豺……五四三
馮伯達……五四四
劉憒……五四四
許道育……五四五
馬榮……五四五
韓越……五四五
陸修靜……五四六
徐靈期……五四八

梁母……五四九
任敦……五四九
劉虬……五五〇
浮丘仙……五五〇
安道士……五五〇
南齊……五五〇
褚伯玉……五五〇
陳惠度……五五一
張通裕……五五一
蔡謫仙……五五一
張曇要……五五二
萬振……五五二
孫遊嶽……五五二
梁……五五三
陶弘景……五五三
白鶴道人……五六三
雙師……五六三

王靈輿……五六四
鄧郁……五六四
張如珍……五六六
杜曇永……五六六
蕭子雲……五六六
胡伯女……五六七
廖沖……五六七
桓闓……五六八
孫韜……五六九
錢眞人……五六九
張老……五六九
郗尊師……五七三
李順興……五七三
女几……五七三

神異典第二百三十九卷……五七五

神仙部列傳十六……五七五

梁二……五七五
周子良……五七五

神異典第二百四十卷……六二五

神仙部列傳十七……六二五
北魏……六二五
寇謙之……六二五
務勿塵……六三〇
韓文公……六三一
北齊……六三一
陸法和……六三一
由吾道榮……六三五
北周……六三六
焦道廣……六三六
王延……六三六
周韋節……六三七
隋……六三八

雲臺峯道士……六三八
蘇元朗……六四二
萬寶常……六四三
楊伯醜……六四四
潛翁……六四五
劉珍……六四五
吳涵虛……六四五
徐則……六四六
尹眞人……六四八
周隱遙……六四八
李鐵拐……六四九
瞿夫人……六五〇
裴諶……六五一
子英……六五四

神異典第二百四十一卷……六五五

神仙部列傳十八……六五五

唐一……六五五
朱桃椎……六五五
陳大素……六五六
胡慧超……六五七
劉玉……六五七
李元基……六五七
凡八兄　附楊德祖……六五七
孫思邈　附白水院童子……六五九
王遠智……六六三
匡智　附大郎……六六七
張公弼……六六七
魏隆……六六九
苗龍……六六九
姚泓……六六九
岑道願……六七〇
羅通微……六七一
杜子華……六七一

杜懷讓……六七一
張惠明……六七二
李清……六七二
康希仙……六七五
採藥民……六七五
李震……六七八
何懷寶……六七九
何志純……六七九
黃觀福……六八〇
劉道合……六八一
王仙柯……六八一
韋善俊……六八二
傅隱遙……六八三
蕭靈護……六八三
葉法善……六八三
神異典第二百四十二卷……六九一

神仙部列傳十九……六九一

唐二……六九一

張惠感……六九一
吳自宣……六九一
益州老父……六九一
花姑……六九二
鑿井工人……六九四
藺沖虛……六九六
何仙姑……六九七
許宣平……六九八
楊昭慶……七〇〇
萬華眞人……七〇〇
司馬承禎……七〇〇
薛季昌……七〇四
李含光……七〇四
張果……七〇六
管革……七〇九
唐若山 附李紳……七一〇

劉簡……七一四
成無爲……七一五
張氳……七一五
邢和璞……七一五
張三……七一八
陳高功……七一九
王旻……七二〇
申元之……七二一
申泰芝……七二三
崔李二中使……七二三
徐女……七二三
神異典第二百四十三卷……七二五
神仙部列傳二十……七二五
唐三……七二五
羅公遠……七二五
傅仙宗……七三一

張氏子……七三二
桓探花……七三二
鄧紫陽……七三二
負琴生……七三三
槐壇道士……七三四
驪山姥……七三七
管子文……七三九
陳雲布……七四〇
太白左掩洞老父……七四一
秦時婦人……七四二
焦鍊師……七四三
楊正見……七四三
董上仙……七四五
紫雲觀女道士……七四五
何二娘……七四六
韋老師……七四六
成眞人……七四七

邊洞元……七四八
王法進……七五一
呑藥仙者……七五三
王皎……七五五
翟天師……七五五
灰袋道人……七五六
薛昌……七五七
拓跋大郎……七五七

神異典第二百四十四卷……七六一

神仙部列傳二十一……七六一

唐四……七六一
許老翁……七六一
盧二舅……七六四
薛肇……七六五
方嚮女……七六七
朱子真……七六八

徐佐卿……七六九
韋景昭……七七〇
吳彩鸞……七七〇
孔莊葉三女仙……七七一
譚宜……七七一
顏眞卿……七七二
元眞子……七八一
僕僕先生……七八二
崔生……七八四
丁實……七八五
楊通幽……七八六
李元……七八八
王十八……七八八
魏方進第……七九一
汪子華……七九一

神異典第二百四十五卷

神異典第二百四十五卷……七九三

神仙部列傳二十二……七九三

唐五……七九三
李泌……七九三
李公子……八〇七
司命君……八一二
陶八八……八一三
劉處靜……八一四
慈心仙人……八一四
葛三郎……八一五
尹氏女……八一六
司馬光玉……八一七
韋仙翁……八一七
黃洞源 附瞿廷伯……八一九
商棲霞……八一九
張殖……八一九
崑崙奴……八二一
裴老……八二四

茅安道……八一五

神異典第二百四十六卷……八二七

神仙部列傳二十三……八二七

唐六……八二七

呂眞人……八二七

神異典第二百四十七卷……八六九

神仙部列傳二十四……八六九

唐七……八六九

楊越公第……八六九

馬湘……八六九

買藥道士……八七三

詹妙容……八七五

隸湘子　附朱拾得、韓愈……八七五

田鸞……八九〇

文氏女……八九一

蔡尋眞……八九一
李騰空……八九一
謝自然……八九二
鄭仙姑……八九九
盧眉娘……八九九

神異典第二百四十八卷……九〇一

神仙部列傳二十五……九〇一

唐八……九〇一
元徹……九〇一
柳實……九〇一
軒轅彌明……九〇四
伊祁元解……九〇六
王四郎……九〇八
楊敬眞……九〇九
吳淸妻……九一二
潘老人……九一三

張雲容……九一三
黑老 附韋丹……九一六
韋蒙妻 附眞、總筓……九一七
費雞師……九一八
王先生……九一九
白皎……九二〇
衡山道士……九二二
施肩吾……九二二
符契元……九二三
裴航……九二三
李玨……九二四
道樹卜……九二五
廬山人……九二六
風穴道士……九二六
劉元靖……九二七
神異典第二百四十九卷……九二九

神仙部列傳二十六

神仙部列傳二十六……九二九
唐九……九二九
錢朗……九二九
應夷節……九二九
緱仙姑……九三〇
程大虛……九三一
裴元靜……九三一
戚元符……九三二
金可記……九三三
軒轅集……九三四
毛仙翁……九三六
侯道華……九三六
柳條青……九三七
夏侯隱……九三七
王杞……九三七
杜可筠……九三八
劉商……九三八

徐仙姑……九四〇
葉藏質……九四一
王太虛……九四二
王錫……九四三
王季文……九四三
劉方瀛……九四三
廖法正……九四四
司馬凝正……九四五
張綽……九四六
王可交……九四七
劉曙……九四九
楊尊師……九五〇
寒山子……九五〇
介朱眞人……九五〇
王奉仙……九五一
薛元同……九五四
王氏女……九五五

張定……九五六
周隱堯　附張孺華……九五七
劉白雲……九五八
吳法通……九五九
劉德本……九六〇
李仙女……九六〇
陸禹臣……九六〇
酆去奢……九六一
左元澤……九六三
應靖……九六三

神異典第二百五十卷……九六五

神仙部列傳二十七……九六五
唐十……九六五
閭丘方遠……九六五
陳落魄……九六六
馬道流……九六六

日華君……九六六
月華君……九六六
馬大仙……九六七
伊用昌……九六七
尹用……九六八
杜昇……九六八
尹君……九六九
戚逍遙……九七一
藍采和……九七一
羅萬象……九七二
賣藥翁……九七三
羊愔……九七三
殷七七……九七五
許碏……九七七
賀自眞……九七八
張巨君……九七八
陽平謫仙……九七九

王氏……九八〇
趙成子……九八一
丁淑英……九八二
潘尊師……九八二
王子芝……九八四
崔少元……九八五
魯妙典……九八八
明星玉女……九八九
龐女 張附方……九九〇
褒女 附陳世安……九九〇
王賈……九九一
陳季卿……九九四
蘇校書……九九六
擊竹子……九九六
掩耳道士……九九七
抱龍道士……九九八
劉少翁……九九八

神異典第二百五十一卷

神異典第二百五十一卷……九九九
神仙部列傳二十八……九九九
唐十一……九九九
宋元白……九九九
王叟……一〇〇〇
喬順……一〇〇〇
巢道人……一〇〇一
饒廷直……一〇〇一
湘中老人……一〇〇一
張遠霄……一〇〇一
晏僊人……一〇〇二
中屠有涯……一〇〇二
陳元吟……一〇〇三
劉度人 附崔之道……一〇〇三
呂氏……一〇〇三
崔自然……一〇〇三

劉海……一〇〇四
劉大師……一〇〇四
山中道士……一〇〇四
蒼僊……一〇〇四
黃元吉……一〇〇五
宋震……一〇〇五
蓑衣僊……一〇〇五
徐慧……一〇〇五
劉混成……一〇〇六
陳師……一〇〇六
盱村母子……一〇〇七
黃皮二仙女……一〇〇七
戚姑……一〇〇七
沈麟……一〇〇七
徐僊翁……一〇〇八
殳基……一〇〇八
徐道士……一〇〇八

陶松隱……一〇〇九
陳世安……一〇〇九
陳寡言……一〇〇九
陳惠虛……一〇〇九
月光童子……一〇〇九
王全眞人……一〇一〇
五仙女……一〇一〇
曹爽……一〇一〇
謝景修……一〇一〇
劉助……一〇一〇
華幽棲……一〇一一
張白膠……一〇一一
焦道士……一〇一一
田眞人……一〇一二
趙法應……一〇一二
竇子明……一〇一二
王帽子……一〇一二

韋昉……一〇一二
胡德元……一〇一二
范志元……一〇一三
陳致虛……一〇一三
甘凝……一〇一三
聶師道……一〇一四
胡佯……一〇一七
五代……一〇一七
劉處士……一〇一七
鄭全福……一〇一七
曾文延……一〇一八
盧道者……一〇一八
任生……一〇一九
楊仙公……一〇一九
宋自然……一〇一九
張薦明……一〇二〇
煙蘿子……一〇二〇

厲歸眞……一〇二〇
譚峭……一〇二一
淘沙子……一〇二二
遊道者……一〇二四
黃萬祜……一〇二四
許堅……一〇二四
譚紫霄……一〇二五
藍方……一〇二五
徐公……一〇二六
果仙……一〇二六
梁眞人……一〇二七
保宗……一〇二七
馬氏女……一〇二七
陳九郎……一〇二八
王保義女……一〇二八
欒正子長……一〇二八
華蓋眞人……一〇二九

神和子……………………………………一〇二九
謝仙翁……………………………………一〇二九
莫公………………………………………一〇二九

神異典第二百五十二卷……………………一〇三一

神仙部列傳二十九……………………………一〇三一
宋一……………………………………………一〇三一
陳摶………………………………………一〇三一
丘長春……………………………………一〇四〇
于道士……………………………………一〇四〇
獨傲仙女…………………………………一〇四〇
程君友……………………………………一〇四一
余隱元……………………………………一〇四二
躡履道人…………………………………一〇四三
率子廉……………………………………一〇四三
郭忠恕……………………………………一〇四四
跛仙………………………………………一〇四五

劉氏女……一〇四六
劉希岳……一〇四七
饒洞天……一〇四七
溫道者……一〇四六
景知常……一〇四八
趙自然……一〇四八
張夢乾……一〇四九
劉海蟾……一〇四九
徐繼先……一〇五〇
王齊祥……一〇五〇
王客……一〇五一
甄棲眞……一〇五二
王鼎……一〇五三
晏奉禮……一〇五三
賀元……一〇五四
朱友……一〇五四
郭上竈……一〇五四

馬氏……一〇五五
鄒希衍……一〇五五
陳昉……一〇五六
武志士……一〇五六
安昌期……一〇五七
曾至靜……一〇五七
趙覺……一〇五七
劉繼先……一〇五八
周貫……一〇五八
張用誠……一〇五九
徐熙春……一〇六一
黃希旦……一〇六一
朱有……一〇六二
王江……一〇六二
衞朴……一〇六三
上官道人……一〇六三
徐眞君……一〇六五

張明……一〇六五

神異典第二百五十三卷……一〇六七

神仙部列傳三〇……一〇六七
宋二……一〇六七
謝祐……一〇六七
趙吉……一〇六七
黃知微……一〇六八
許昌齡……一〇七一
徐問眞……一〇七二
陳太初……一〇七二
陳仁嶠……一〇七三
雷隱翁……一〇七三
盧六……一〇七三
謝賓……一〇七四
孫姑……一〇七四
周史卿……一〇七五

曹國舅……一〇七五
邵琥……一〇七五
呂陶……一〇七六
陝西子仙姑……一〇七六
韓生……一〇七六
徐神翁……一〇七七
申元道……一〇七八
田端彥……一〇七八
劉跛子……一〇七八
吳應能……一〇八〇
薛道光……一〇八〇
張繼先……一〇八一
秦志通……一〇八一
李志亨……一〇八一
李思廣……一〇八二
王樂仙……一〇八二
妙靖鍊師……一〇八五

羅昇……一〇八五
陳楠……一〇八五
張虛白……一〇八六
張仙姑……一〇八六
賈文……一〇八六
劉野夫……一〇八七
朱希常……一〇八七
鄧道士 附鮑氏二婦……一〇八七
黎道人……一〇八七
張先生……一〇八八
徐若渾……一〇八八
白雲片鶴……一〇八九
范叔寶……一〇八九
魏一翁……一〇九〇
張聲……一〇九〇
楊道人……一〇九一
張常清……一〇九一

王文卿……一〇九一
高尚眞人……一〇九二
顧筆仙……一〇九二
段璪……一〇九三
聖道者……一〇九三
孫道人……一〇九四
陶道人……一〇九四
姬洞明……一〇九五
武元照……一〇九五
石泰……一〇九五
唐廣眞……一〇九六
宋耕……一〇九七
皇甫坦……一〇九七
蔡道像……一〇九八
王嗣昌……一〇九八
房長鬚……一〇九九
章思廉……一〇九九

白玉蟾……一一〇〇
彭耜……一一〇二
王興……一一〇二
孫元明……一一〇二
謝道人……一一〇三

神異典第二百五十四卷……一一〇五

神仙部列傳三十一……一一〇五
宋三……一一〇五
知命道人……一一〇五
汪秦二道人……一一〇五
趙知微……一一〇五
金野仙……一一〇六
呂生……一一〇七
陳明……一一〇七
魯道……一一〇八
牧得清……一一〇九

梵公……一一〇九
黃十公……一一〇九
毛道人……一一一〇
周師慶……一一一〇
呂處仁……一一一〇
莫起炎……一一一一
蔣暉……一一一二
田蓑衣……一一一二
蓑衣師……一一一二
景元範……一一一三
徐囦默……一一一三
楊維……一一一五
河南子……一一一五
季可……一一一六
葉文詩……一一一六
葉梅卿……一一一六
唐風仙……一一一七

章自然……一一七
張元英……一一七
金眞人……一一八
宋恭……一一八
沈敬……一一九
范慈伯……一二〇
保定老姑……一二〇
張拱……一二〇
黃昇……一二〇
藍橋……一二一
郡圃老卒……一二一
周文英……一二二
古無極……一二二
楞伽貧女……一二三
梁亮……一二三
王永齡……一二四
韓崇……一二四

聶紹元……一一二四
汪四……一一二五
鄭仙姑……一一二五
任將軍……一一二六
檀仙姑……一一二六
周眞人……一一二七
崔之道……一一二七
徐依希……一一二七
張同之……一一二七
萬直臣……一一二八
包眞人……一一二八
趙子甄……一一二九
連可久……一一二九
汪一雷……一一二九
張模……一一三〇
黃眞人……一一三〇
田純靜……一一三〇

王蒙道人……一一三一
敖眞人……一一三一
王敖道……一一三一
幸潭……一一三二
謝仲初……一一三二
西陽子……一一三二
沈仙翁　附小仙翁……一一三三
季隱子……一一三三
蔡華甫……一一三四
姜仙翁……一一三四
王溫……一一三五
柯可崇……一一三五
夏元鼎……一一三五
林升眞……一一三六
饒松……一一三六
黃天元……一一三六
張元始……一一三六

廖立……一一三七
盧慧……一一三七
謝天地……一一三七
趙天雷……一一三七
靳八公……一一三八
一目九仙……一一三八
王明志……一一三九
馬之瑤……一一三九
風仙姑……一一三九
李妙成……一一四〇
董守志……一一四〇
白道元……一一四〇
黃鹿眞人……一一四一
張守虛……一一四一
陶克忠……一一四一
羅隱……一一四一
王總管……一一四二

周恢……一一四二

神異典第二百五十五卷……一一四五

神仙部列傳三十二……一一四五
金……一一四五
王嚞……一一四五
馬鈺……一一四六
孫仙姑……一一四七
譚處端……一一四八
郝大通……一一四八
劉處元……一一四九
王處一……一一五〇
劉眞人……一一五一
通眞子……一一五一
蓋時敏……一一五一
汪仙翁……一一五二
呂道章……一一五二

郭志空……一一五二
趙龜頤……一一五三
蕭淨興……一一五三
李頤眞……一一五四
張信眞……一一五四
蔡眞人……一一五四
訾互……一一五五
王予可……一一五五
丁善淵……一一五六
梅志仙……一一五六
范常眞……一一五七
李筊……一一五七
申仙……一一五七
郝志隆……一一五八
劉志淵……一一五八
元……一一五八
歐陽生……一一五八

洪山眞人……一一五九
黃房公……一一六〇
李玨……一一六〇
周德清……一一六〇
楊道眞……一一六一
楊道和……一一六一
劉洞誠……一一六一
羅蓬頭……一一六二
岳眞人……一一六三
張松谷……一一六三
李志常……一一六四
范至果……一一六四
洞眞子……一一六四
永壽眞人張仙公……一一六五
殷震亨……一一六五
太倉丐者……一一六五
劉公道……一一六六
周頤眞……一一六六

汪眞常……一一六六
魯洞雲……一一六七
張可曇……一一六七
仙姑澄陽眞人……一一六七
毛冲道人……一一六八
風道人……一一六八
洪眞人……一一六八
吳秀……一一六九
甄仙姑……一一六九
許毛……一一六九
麻衣先生……一一六九
二張仙翁……一一七〇
劉清淵……一一七〇
王無二……一一七〇
桂心淵……一一七一
鄔通微……一一七一
曹德林……一一七一

孫成……一一七二
李武……一一七二
黃竹……一一七三
黃東美……一一七三
李商弼……一一七三
馮道助……一一七四
陳嘉……一一七四
周景福……一一七五
趙惠宗……一一七五
張守淸……一一七五
楊道圓……一一七六
周興能……一一七六
張志純……一一七六
馬靈眞……一一七七
周祖師……一一七七
周眞人……一一七七
李國用……一一七八

張仙……一一七八
王仙姑……一一七八
周志明……一一七九
馬丹陽……一一七九
詹道人……一一七九
梁誌通……一一八〇
張蒙山……一一八〇
楊養拙……一一八〇
譚公道……一一八一
毛海泉……一一八一
糕糜先生楊道士……一一八一
張羽士……一一八二

神異典第二百五十六卷……一一八三

神仙部列傳三十三……一一八三

明一……一一八三
周顛仙……一一八三

趙宜眞……一一七八
趙友欽……一一八八
彭宏大……一一八八
貝國器……一一九〇
柳夫人……一一九〇
單道安……一一九一
曹古松……一一九一
鄧青陽……一一九二
王士能……一一九二
張三丰……一一九三
張子冲……一二〇一
冷謙……一二〇二
張中……一二〇三
馬山人……一二〇五
潘自然……一二〇五
錢國禎……一二〇六
張柏亭……一二〇六

趙童……一二〇七
柴公達……一二〇七
王鼎……一二〇七
于梓人……一二〇八
去留馨……一二〇九
俞震齋……一二一〇
姚道士……一二一〇
賀蘭二老……一二一〇
黃一眞……一二一一
李希素……一二一一
程濟……一二一二
熊伯霆……一二一三
鄧羽……一二一三
王奎……一二一四
麻衣仙姑……一二一四
神異典第二百五十七卷……一二一五

神仙部列傳三十四……一二一五

明二……一二一五
高俊……一二一五
伍守靜……一二一五
周思得……一二一五
補鍋匠……一二一六
楊黼……一二一七
王先生……一二一八
癡呆子……一二一九
鍾山懸……一二一九
楊湛然……一二二〇
沈眞人……一二二〇
藥葫蘆道人……一二二一
劉道明……一二二一
廖時升……一二二二
柴道人……一二二二
焦姑……一二二三

張皮雀……一二二二三
芮道材……一二二二五
何以潤……一二二二五
從鉉……一二二二六
鄧清……一二二二六
潘道泰……一二二二六
王眞人……一二二二八
文志矩……一二二二八
黃花老人……一二二二八
何璘……一二二二九
曾志堅……一二二二九
雷蓬頭……一二二二九
王勑……一二二三〇
呂疙瘩……一二二三一
張自眞……一二二三二
王槐……一二二三二
蕭伯華……一二二三二

尹山人……一二三三
步梅溪……一二三六
王守中……一二三七
鍾萬五……一二三七
任風子……一二三七
麩子李……一二三八
月光道人……一二三八
韓飛霞……一二三九
萬玉山……一二三九
董仙……一二四〇
蔣鏊……一二四〇
好了道士……一二四一
邊遁……一二四一
劉偉……一二四二
賀長……一二四二
周休休……一二四三
孔師居……一二四四

彭小仙……一二四四
李子眞……一二四五
大瓢李……一二四五
邵道人……一二四六

神異典第二百五十八卷……一二四九

神仙部列傳三十五……一二四九
明三……一二四九
羅碧陽……一二四九
李鐵箍……一二四九
金宗周……一二五〇
明法仙……一二五〇
荀氏……一二五〇
李赤肚……一二五一
赤肚子……一二五二
宗婆婆……一二五二
楊布袋……一二五三

萬鳳……………………………………一二五三
王道人……………………………………一二五四
余道人……………………………………一二五四
卓晚春……………………………………一二五五
邋遢仙……………………………………一二五六
邢風子……………………………………一二五七
張鼻鼻……………………………………一二五七
孫魯西……………………………………一二五七
張落魄……………………………………一二五八
裴慶……………………………………一二五八
方燧……………………………………一二五九
尙陽子……………………………………一二六一
頭陀劉五……………………………………一二六一
徐道人……………………………………一二六二
劉任……………………………………一二六二
林道人……………………………………一二六三
提脚道人……………………………………一二六四

林癸午……一二六四
余仲宇……一二六五
松陽道人……一二六五
閻希言……一二六六
大腹子……一二六七
韓野雲……一二六八
窰仙……一二六八
祖海韋……一二六八
李存忠……一二六九
朱癡……一二七〇
劉黑黑……一二七〇
破腹道人……一二七一
陳孝子……一二七一
仙桐道人……一二七二
李虛菴……一二七二
三休……一二七二
彭幼朔……一二七三

鞋幫子……一二七五
田守忠……一二七六
孫氏女……一二七六
一瓢道人……一二七七
劉邋遢……一二七七
翟道人……一二七八
廖孔說……一二七九
丘了顚……一二八〇

神異典第二百五十九卷……一二八三

神仙部列傳三十六……一二八三
明四……一二八三
唐風子……一二八三
姚二仔……一二八三
葛用……一二八四
蒲州賣藥翁　附蒼頭……一二八四
草衣兒……一二八六

東方元……一二八七
景仲……一二八八
何寧……一二八九
姚基……一二九〇
姜澄……一二九一
彭知微女……一二九二
楊燧……一二九三
郝仙姑……一二九四
朱橘……一二九四
武蓬頭……一二九五
潘爛頭……一二九五
孫寒華……一二九六
曹太初……一二九六
朱蒲包……一二九七
周打氈……一二九七
曹薰……一二九八
羅維……一二九八

劉尚羔……一二九九
何公冕……一三〇〇
檐蓑老者……一三〇〇
戚無何……一三〇一
萬一無……一三〇一
甘露仙……一三〇二
林道人……一三〇二
王玉山……一三〇二
張古山……一三〇三
水簾洞仙……一三〇三
魯志剛……一三〇三
楊玨……一三〇三
張逍遙……一三〇四
呂貧子……一三〇四
祝小山……一三〇五
唐秩……一三〇五
周文興……一三〇五

陸贄……………………一三〇六
魯質……………………一三〇六
張高……………………一三〇七
了機……………………一三〇七
張君……………………一三〇七
朱風子……………………一三〇七
雷九功……………………一三〇八
王越……………………一三〇八
廖半仙……………………一三〇九
葉鏐……………………一三〇九
通公……………………一三〇九
吳守一……………………一三一〇
王綱舉……………………一三一〇
劉棟……………………一三一〇
葆眞……………………一三一一
赤脚王……………………一三一一
顚倒李……………………一三一二

班仙……一三一二

耍子……一三一三

趙麻衣……一三一三

李眞人……一三一三

孔道士……一三一三

大陳小陳……一三一四

劉仙……一三一四

孫樂庵……一三一四

許氏子……一三一五

張子明……一三一五

李偉……一三一五

田道人……一三一五

趙南……一三一六

周仙葫……一三一六

江老軍……一三一七

楊汝眞……一三一七

譚子……一三一七

鄭本……一三一七
張顚仙……一三一八
高娘……一三一八
陶眞人……一三一八
姚成……一三一八
東華道人……一三一九
夏孟昌……一三一九
吳鉉卿……一三一九
黃冠道士……一三二〇
張懷陽……一三二〇
石三泉……一三二〇
梁可瀾……一三二一
勞眞人……一三二一
吹角老兵……一三二一
李子長……一三二二
宋眞人……一三二二
李賤子……一三二二

馮克利……一三二三
全用誠……一三二三
皇清……一三二三
生生道人 附韓天木……一三二三
郭靜中……一三二五
丘駝……一三二五
馮吉……一三二六

神異典第二百六十卷

……一三二七
神仙部總論……一三二七
莊子……一三二七
齊物論……一三二七
大宗師……一三二七
天道……一三二七
刻意……一三三〇
達生……一三三二
田子方……一三三三

天下……一三三三
孔叢子……一三三四
陳士義……一三三四
揚子法言……一三三五
君子……一三三五
王充論衡……一三三六
道虛篇……一三三六
博物志……一三四七
辨方士……一三四七
樞空……一三四八
天隱子養生書……一三四九
神仙……一三四九
易簡……一三四九
解神……一三四九
朱子全書……一三五〇
論在人鬼神……一三五〇

神異典第二百六十一卷

神異典第二百六十一卷……一三五一
神仙部藝文一……一三五一
十洲記序　漢東方朔……一三五一
大人賦　司馬相如……一三五一
列仙傳序　劉向……一三五三
四難　黃憲……一三五四
王子喬碑　蔡邕……一三五四
辨道論　魏・曹植……一三五六
元俗頌　曹植……一三五七
許由贊　嵇康……一三五七
大人先生傳　阮籍……一三五八
老子贊　阮籍……一三六六
神仙傳序　晉・葛洪……一三六七
老子贊　孫綽……一三六八
莊周贊　張華……一三六八
列仙賦　陸機……一三六八

凌霄賦……陸機……一三六八
王子喬贊……陸機……一三六八
登遐頌……陸雲……一三六九
東方朔畫贊 有序……夏侯湛……一三七一
入道至人賦……宋・謝靈運……一三七二
王子晉讚……謝靈運……一三七三
褚先生伯玉碑……南齊・孔稚珪……一三七三
華陽陶先生墓誌銘……梁・簡文帝……一三七四
隱居貞白先生陶君碑……蕭綸……一三七四
水仙賦……陶弘景……一三七八
眞靈位業圖序……陶弘景……一三七九
吳太極左仙公葛之碑……陶弘景……一三八〇
許長史舊館壇碑……陶弘景……一三八二
答朝士訪仙佛兩法體相書……陶弘景……一三八六

神異典第二百六十二卷

神異典第二百六十二卷……一三八七
神仙部藝文二……一三八七

黃帝見廣成子贊……………………北周・庾信……………………一三八七
老氏碑…………………………………隋・薛道衡………………一三八七
昇仙太子碑……………………………唐・武后…………………一三九一
爲西京百官賀老君見表……………崔融………………………一三九六
朱桃椎讚………………………………薛稷………………………一三九六
神仙可學論……………………………吳筠………………………一三九七
列子御風賦……………………………紇千俞……………………一四〇一
堯見姑射神人賦……………………王起………………………一四〇二
穆天子宴瑤池賦……………………張仲素……………………一四〇三
賀感夢聖祖表…………………………李邕………………………一四〇四
黃仙師瞿童記…………………………苻載………………………一四〇五
神仙傳論………………………………梁肅………………………一四〇七
西山羣仙記序…………………………施肩吾……………………一四〇八
續神仙傳序……………………………沈份………………………一四〇九
下元金籙道場青詞…………………張元晏……………………一四一〇
詆仙賦 有序……………………………宋・宋祈…………………一四一一
彭州胡氏三遇異人記………………文同………………………一四一二

跋王易簡玉仙傳後　黃伯思　一四一三
跋劉向列仙傳後　黃伯思　一四一三
題謝道士混元皇帝實錄後　葉適　一四一四
集仙傳序　曾慥　一四一四
跋陳北山序黃春伯本末　眞德秀　一四一五
葉淸父同歸錄後序　眞德秀　一四一六

神異典第二百六十三卷

神異典第二百六十三卷　一四一九

神仙部藝文三

神仙部藝文三　一四一九
韓湘子神仙辨　明・陳繼儒　一四一九
冥寥子游　屠隆　一四二〇

神仙部藝文四　詩

神仙部藝文四　詩　一四三七
游海詩　上古・甯封子　一四三七
皇娥歌　一四三八
白帝子歌　一四三八
遊南嶽讚　陶唐・方回　一四三八
採藥詩　韓終　一四三九

太上導仙銘……一四三九
內經眞諺……一四三九
人間可哀之曲 并序……武夷君……一四四〇
武陽山遺詠……一四四〇
周成王時綏山謠……一四四〇
穆王時西王母謠……一四四一
西王母吟……一四四一
穆天子答 二首……一四四一
採薪人歌 并序……一四四二
乞食公歌 并序……一四四二
靈寶童謠……一四四二
秦時巴謠歌……一四四三
車子侯歌……漢・武帝……一四四三
石鼓歌……張麗英……一四四四
敬元子歌……一四四四
西王母宴漢武帝命歌元靈之曲二首……法嬰……一四四五
步元之曲 上元夫人……一四四六

西王母又命答歌……田四妃……一四四六
八公操……劉安……一四四六
丁令威歌　幷序……一四四七
茅山父老歌　幷序……一四四七
赤雀辭……一四四八
合藥詩……公孫卿……一四四八
贈馬明生詩二首……太眞夫人……一四四八
古詩三首……馬明生……一四五〇
古詩三首……陰長生……一四五〇
卭疏……劉向……一四五一
王子喬……劉向……一四五二
樂府長歌行……一四五二
樂府步出夏門行……一四五二

神異典第二百六十四卷……一四五三

神仙部藝文五　詩……一四五三
氣出唱三首……後漢·曹操……一四五三

陌上桑……………………………………曹操……一四五四
秋胡行二首………………………………曹操……一四五四
折楊柳行……………………………魏・文帝……一四五四
飛龍篇……………………………………曹植……一四五五
升天行……………………………………曹植……一四五五
五遊篇……………………………………曹植……一四五五
遠遊篇……………………………………曹植……一四五六
仙人篇……………………………………曹植……一四五六
平陵東……………………………………曹植……一四五六
桂之樹行…………………………………曹植……一四五七
苦思行……………………………………曹植……一四五七
遊仙詩……………………………………曹植……一四五七
遊仙詩……………………………………嵇康……一四五七
東方朔至清………………………………嵇康……一四五八
葛仙公詩三首　并序…………………吳・葛元……一四五八
讚葛仙翁頌　并序………………………葛元……一四五九
經廬山贈山神徐君詩　并序……晉・吳猛……一四六〇

四眞人降魏夫人歌五首……一四六〇
太極眞人歌……一四六一
方諸青童歌……一四六一
扶桑神王歌……一四六一
淸虛眞人二首……一四六一
王母贈魏夫人歌 并序……一四六二
雙禮珠彈雲璈而答歌……一四六三
高仙盼遊洞靈之曲……一四六三
與衆眞吟詩二首 魏夫人……一四六三
太上宮中歌 魏夫人……一四六四
贈羊權詩 萼綠華……一四六四
降楊司命詩二首 九華安妃……一四六五
紫微夫人歌……一四六六
雲林與衆眞吟詩……一四六六
中侯夫人詩三首 并序……一四六九
六月二十三日夜作……一四七〇
方丈臺昭靈李夫人詩三首 并序……一四七〇

十二月一日夜作與許玉斧　幷序……一四七一
南極夫人詩　幷序……一四七一
紫微王夫人詩一十七首　幷序……一四七二
七月二十六日夕喩作令與許長史……一四七二
紫微夫人歌　二首……一四七二
又敍元隴之遊……一四七二
九月六日夕喩作示許長史幷與同學……一四七三
九月九日喩作因許示郗……一四七三
十月十八日作……一四七三
紫微吟二首……一四七三
丙寅二月二十日歌　三首……一四七四
四月十四日作　二首……一四七四
四月二十二日夜作　三首……一四七五
雲林右英夫人詩二十五首　幷序……一四七五
七月十八日夕授詩與許長史兼及掾事……一四七五
七月二十六日所喩……一四七六
七月二十八日夕授書此詩以與許長史……一四七六

九月三日夕喩作令示許長史……一四七六
右英吟……一四七七
九月六日夕喩作與許侯二首……一四七七
九月九日作……一四七七
九月十八日夜作……一四七七
九月二十五日夜作……一四七八
十月十七日作與許侯……一四七八
十月二十日授二首……一四七八
十二月一日作……一四七九
丙寅二月九日夜作……一四七九
二月十六日夜作……一四七九
二月三十日夜作……一四八〇
右英吟二首……一四八〇
四月十四日夕吟歌二首……一四八〇
閏月三日夜作示許長史……一四八〇
右英吟二首……一四八一
蓬萊四眞人詩四首……一四八一

石慶安先作詩……一四八二

次張誘世作詩……一四八二

次許玉斧作詩……一四八二

次丁瑋寧作詩……一四八二

青童大君常吟詠……一四八三

太虛眞人常吟詠……一四八三

西城眞人王君常吟詠……一四八三

小有眞人王君常吟詠……一四八三

方諸宮東華上房靈妃歌曲……一四八三

太微元清左夫人北淳宮中歌曲 幷序……一四八四

辛元子贈楊司命詩三首 幷序……一四八四

清靈眞人八月十六日夕授詩 幷序……一四八五

七月十五日夜清靈眞人授詩與許玉斧……一四八六

定錄中候告……一四八六

右英引大洞眞經……一四八六

許長史答詩……一四八七

許掾夢詩……一四八七

保命君告許虎牙逃杜廣平常嘉歌一章……一四八七
保命吟告虎牙……一四八八

神異典第二百六十五卷……一四八九

神仙部藝文六 詩……一四八九
詩二首……晉扈謙……一四八九
扣船歌四首……郭四朝……一四八九
遊仙詩……何劭……一四九〇
雜詩……何劭……一四九〇
前緩聲歌……陸機……一四九〇
遊仙詩十首……郭璞……一四九一
蕭史曲……張華……一四九二
遊仙詩三首……張華……一四九三
遊仙詩……成公綏……一四九三
遊仙……張協……一四九三
遊仙詩二首……庾闡……一四九三
又六首……一四九四

詠史……曹毗……一四九四
廬山神仙詩……湛方生……一四九四
槐樹歌一首……張奴……一四九五
代昇天行……宋・鮑照……一四九五
白雲行……鮑照……一四九六
前緩聲歌……孔甯子……一四九六
遊仙詩五首……南齊・王融……一四九七
遊仙詩……袁彖……一四九七
遊仙詩……梁武帝……一四九七
昇仙篇……簡文帝……一四九八
仙客……簡文帝……一四九八
和竟陵王遊仙詩二首……沈約……一四九八
擬郭弘農璞遊仙……江淹……一四九九
擬阮公詩三首……江淹……一四九九
雪山讚四首　幷序……江淹……一四九九
王子喬……一四九九
陰長生……一五〇〇

白雲……一五〇〇
秦女……一五〇〇
東南射山 并序 王筠……一五〇〇
升天行 劉孝勝……一五〇一
告遊篇 陶弘景……一五〇一
桓眞人吟詩……一五〇一
五仙授周子良詩……一五〇二
保命府丞樂道士授詩……一五〇二
嵩高馮眞人授詩……一五〇二
蕭閑張仙卿授詩……一五〇二
中嶽仙人洪先生授詩……一五〇三
華陽天司農玉童授詩……一五〇三
蘇耽歌 并序……一五〇三
神仙篇 戴暠……一五〇四
王子喬行 高允生……一五〇四
詠得神仙 陳陰鏗……一五〇四
神仙篇 張正見……一五〇四

賦得山卦名……張正見……一五〇四
蕭史曲……江總……一五〇五
莊周頌……江總……一五〇五
方諸曲……謝燮……一五〇六
王子喬……北魏・高允……一五〇六
神仙……北齊・顏之推……一五〇六
輕擧篇……北周・王褒……一五〇六
奉和趙王遊仙……庾信……一五〇七
仙山二首……庾信……一五〇七
步虛詞二首……隋煬帝……一五〇七
升天行……盧思道……一五〇八
神仙篇……盧思道……一五〇八
神仙……崔仲方……一五〇八
神仙篇……魯范……一五〇九
昇天行……釋慧淨……一五〇九
懷仙引……唐・盧照鄰……一五〇九
贈學仙者……王績……一五一〇

遊仙四首……王績……一五一〇
忽夢遊仙……王勃……一五一一
感遇詩二首……陳子昂……一五一一
嵩嶽聞笙……劉庭芝……一五一一
奉和聖製經河上公廟應制……張說……一五一二
河上老人歌……王昌齡……一五一二
元元皇帝應見賀聖祚無疆……殷寅……一五一二
留詩三首……葉法善……一五一二
題登眞洞……張果……一五一三
遺簡詩二首……趙惠宗……一五一三
奉和聖製經河上公廟……張九齡……一五一三
謁張果先生……李頎……一五一四
王母歌……李頎……一五一四
奉和聖製河上公廟……蘇頲……一五一五
遊仙二十四首……吳筠……一五一五
混元皇帝……吳筠……一五一八
廣成子……吳筠……一五一八

許由……吳筠……一五一八
巢父……吳筠……一五一九
南華眞人……吳筠……一五一九
沖虛眞人……吳筠……一五一九
洞靈眞人……吳筠……一五一九
通元眞人……吳筠……一五二〇
文始眞人……吳筠……一五二〇
楚狂接輿夫妻……吳筠……一五二〇
壺丘子……吳筠……一五二〇
河上公……吳筠……一五二一
東方曼倩……吳筠……一五二一
司馬季主……吳筠……一五二一
孫公和……吳筠……一五二一

神異典第二百六十六卷……一五二三

神仙部藝文七　詩……一五二三
懷仙歌……唐・李白……一五二三

玉眞仙人詞……李白……一五一三
上元夫人……李白……一五一三
來日大難……李白……一五一三
古風六首……李白……一五一四
感興……李白……一五一五
飛龍引二首……李白……一五一五
芳樹……李白……一五一六
王子喬……宋之問……一五一六
少室山韋鍊師昇仙歌……皇甫冉……一五一六
仙谷遇毛女意知是秦宮人……常建……一五一六
古意……常建……一五一七
行路難……孟雲卿……一五一七
樵歌呈鄭錫司空文明……李端……一五一七
學仙二首……韋應物……一五一八
萼綠華歌……韋應物……一五一八
王母歌一作玉女歌……韋應物……一五一八
馬明生遇神女歌……韋應物……一五一九

遊仙……劉復……一五二九
入華山訪隱者經仙人石壇……李益……一五二九
長恨歌……白居易……一五三〇
夢仙……白居易……一五三五
送毛仙翁……白居易……一五三六
贈毛仙翁……沈傳師……一五三六
贈毛仙翁……李紳……一五三七
會仙歌……鮑溶……一五三七
懷仙二首……鮑溶……一五三八
謝自然詩……韓愈……一五三八
謝東方朔雜事……韓愈……一五三九
列仙詩四首……孟郊……一五四〇
方諸青童君……一五四〇
清虛真人……一五四〇
金母飛空歌……一五四〇
安度明……一五四一
遊仙……賈島……一五四一

仙客歸鄉詞二首……施肩吾……一五四一
贈凌仙姥……施肩吾……一五四一
仙女詞……施肩吾……一五四二
仙翁詞……施肩吾……一五四二
步虛詞二首……劉禹錫……一五四二
遇蓮葉二客詩并序……欒清……一五四二
言志……韓湘……一五四三
答從叔愈……韓湘……一五四三
贈樊夫人詩……裴航……一五四三
求仙行……王建……一五四四
天上謠……李賀……一五四四
夢天……李賀……一五四四
神仙曲……李賀……一五四四
贈毛仙翁……崔郾……一五四五
贈毛仙翁……崔元略……一五四五
謝眞人仙駕過舊山……夏方慶……一五四五
謝眞人仙駕過舊山……范傳正……一五四五

瑤池……李商隱……一五四六
東還……李商隱……一五四六
獻鄭思遠施眞人二仙……呂巖……一五四六
送鍾離離雲房赴天池會……呂巖……一五四六
贈人二首……呂巖……一五四七
七言四十三首……呂巖……一五四七
贈曹先生……呂巖……一五五二

神異典第二百六十七卷……一五五三

神仙部藝文八　詩……一五五三
昇仙操……唐・李羣玉……一五五三
懷仙三首……陸龜蒙……一五五三
漢武帝將候西王母下降……曹唐……一五五三
漢武帝於宮中燕西王母……曹唐……一五五三
劉阮洞中遇仙子……曹唐……一五五四
仙子送劉阮出洞……曹唐……一五五四
仙子洞中有懷劉阮……曹唐……一五五四

劉阮再到天臺不復見仙子……曹唐……一五五四
萼綠華將歸九嶷留別許眞人……曹唐……一五五五
王遠宴麻姑蔡經宅……曹唐……一五五五
穆王宴王母於九光流霞館……曹唐……一五五五
張碩重寄杜蘭香……曹唐……一五五五
玉女杜蘭香下嫁於張碩……曹唐……一五五六
蕭史攜弄玉上昇……曹唐……一五五六
遊仙二首……司空圖……一五五六
遊仙……王貞白……一五五六
升天行……翁齊己……一五五七
了仙謠……貫休……一五五七
謝別毛仙翁 幷序……張爲……一五五七
憶仙謠……沈彬……一五五八
飛龍引……陳陶……一五五八
謫仙詞……陳陶……一五五九
步虛引 一作仙人詞……陳陶……一五五九
洛城見賀自眞飛昇 一作登仙……陳陶……一五五九

大遊仙詩……歐陽炯……一五五九
夢仙謠……廖融……一五六〇
上昇歌……吳涵虛……一五六〇
答高安宰 幷序……沈廷瑞……一五六〇
龍穴遺詩 幷序……沈廷瑞……一五六一
題酒樓壁 幷序……伊用昌……一五六一
題遊帷觀眞君殿後……伊用昌……一五六一
湖南闖齋吟……伊用昌……一五六一
桃源二客行……宋・張方平……一五六二
題毛女眞……蘇軾……一五六二
夢仙謠……歐陽澈……一五六二
仙人春宴曲……王庭珪……一五六四
遊仙謠……曹勛……一五六四
蕭史曲……曹勛……一五六四
遊仙篇……翁卷……一五六五
挹仙亭……眞德秀……一五六五
遊仙四首……嚴羽……一五六五

升仙謠……吳龍翰……一五六六
仙興……吳惟信……一五六六
太白仙人下岷峩謠……王夢應……一五六六
仙興……鄭思肖……一五六七
秦女吹簫圖……鄭思肖……一五六七
得仙詩……于本大妻……一五六七
步虛詞……金・元好問……一五六七
續金銅仙人辭漢歌 并序……元・于右……一五六七
遊仙詞六首……郭翼……一五六八
題瀛洲仙會圖……柳貫……一五六九
玉仙謠……阮孝思……一五六九
題葛仙翁移家圖……陳基……一五七〇
小遊仙詞六首……楊維楨……一五七〇
題阮郜閬苑女仙圖……鄧宇……一五七〇
遊仙詩八首……余善……一五七一
和張貞居遊仙詩二首……淨圭……一五七二
遊仙詞七首……淨圭……一五七二

遠遊篇……明·劉基……一五七三
過南山懷許宣平……程伯陽……一五七三
小遊仙三首……王澤……一五七三
東海遊仙歌簡王學士元馭王中丞元美……王叔承……一五七四
續遊仙詩六首……馬洪……一五七四
遊仙詞十六首……張泰……一五七五
酬王㑹師仙遊三首……王英……一五七六
恭送曇陽大師六首……屠隆……一五七七
聞化女湘靈爲祥雲洞侍香仙子志喜六首……屠隆……一五七七
神仙部選句……一五七八

神異典第二百六十八卷

……一五八一

神仙部記事一……一五八一
神異經　玉人……一五八一
列子　姑射山神人……一五八一
釋迦氏譜　悉達太子遇跋伽諸仙……一五八一
史記　徐市入海求仙……一五八一

潛居錄　桀東之劍……一五八二
拾遺記　太一之精……一五八二
搜神記　董永娶妻……一五八二
三餘帖　半陽泉……一五八二
錄異記　董仲舒母墓……一五八三
西平縣志　離兒坡仙侶池……一五八三
搜神記　楊寶救黃雀……一五八三
述異記　公主山朱履……一五八四
異苑　曹植遊山聞誦經聲……一五八四
神仙感遇傳　蓬球入西玉女山……一五八四
雲仙雜記　廬山遠法師命盡之日……一五八五
酉陽雜俎　養生石　韶石　瓜穴……一五八五
搜神記　焦山得道　玉田……一五八六
搜神後記　桃花源記　沛國道人……一五八六
番禺雜記　菖蒲澗……一五八七
異苑　十二棋卜　衡山鳥仙　不饑酒　仙山……一五八八
衢州府志　爛柯山……一五八八

拾遺記　崑崙山昆陵之地……一五八八
續齊諧記　眼明袋……一五八九
述異記　駕鶴仙人　合塗國　大小翮山　玉女房……一五八九
錄異記　楊謨洞……一五九〇
陳書　仙人見於羅浮山寺……一五九〇
雲笈七籤　公孫璞修道除疾……一五九〇
舊唐書　唐高祖殺善相書生……一五九一
雲仙雜記　兩仙童……一五九一
湖廣通志　氾人……一五九二
龍城錄　唐玄宗遊月宮……一五九二
江南通志　張氏子策驢上昇……一五九三
續酉陽雜俎　髮卷規　龍橋枯骨　乞兒　石函人……一五九三
續酉陽雜俎……一五九三
誠齋雜記　許商書江海賦……一五九四
幽怪錄　四眞……一五九四
杜陽雜編　金龜印……一五九五
龍城錄　李太白得仙……一五九五

前定錄　神人書……一五九五
神仙感遇傳　雇者……一五九六
酉陽雜俎　玉屑飯……一五九七
尚書故實　地仙　少年道士　仙人乘鶴……一五九八
集異記　仙人吹笛……一五九九
雲笈七籤　商客遊蓬萊山……一六〇〇
劇談錄　嚴士則終南山遇仙……一六〇一
雲仙雜記　賣蕨姥……一六〇二
神仙感遇傳　葫中乾坤　金華神液　太清眞人……一六〇二
道教靈驗記　賴處士……一六〇四
魯應龍括異志　婺源公山二洞穴……一六〇五
稽神錄　柳翁……一六〇五
湖廣通志　龍女……一六〇六
圛余錄　黃損詈道者　楊收謝道者……一六〇六
東坡志林　黃損離家……一六〇七
錄異記　神仙居　北斗七星眞人　黃齊行陰功救命……一六〇七
野人閒話　旌節花……一六〇八

北夢瑣言　張建章讀太宗徵遼碑……一六〇九
青陽縣志　隱眞泉……一六〇九
茅亭客話　靈池朱眞人　柳條仙丹瘉疾　白鹿巖……一六一〇

神異典第二百六十九卷……一六一三

神仙部記事二……一六一三
行營雜錄　混沌道士……一六一三
茅亭客話　李八百……一六一四
福建通志　楊墩墓……一六一四
行營雜錄　蓬萊三山……一六一五
蘇州府志　丹砂符……一六一六
文昌雜錄　臥仙……一六一六
甲申雜記　竹工道士徐登……一六一六
墨客揮犀　杜麻胡……一六一七
湘山野錄　歸眞子……一六一八
張師正括異志　紙馬還鄉……一六一八
西溪叢語　茅山道人……一六一九

東軒筆錄　徐二公……一六一九
夢溪筆談　返老還童藥　點石成銀術　雁蕩老人……一六二〇
仇池筆記　人室皆亡……一六二一
東坡志林　東嶽道士書……一六二一
玉照新志　王子高遇芙蓉仙人……一六二二
龍川別志　神和子……一六二二
聞見近錄　張文懿、黃鶴樓仙人洞……一六二三
墨莊漫錄　呂翁……一六二四
竹坡詩話　西湖詩寺……一六二五
談圃　夏文莊……一六二六
錢氏私誌　毛女　徐神翁　方五　老道人……一六二六
退齋雅聞錄　黃野人詩……一六二七
過庭錄　劉跛子……一六二七
春渚紀聞　蘇翰林　舉子　神仙除瘤　居四郎　孫道人……一六二八
銷夏　庠養直……一六三〇
玉照新志　龍山茶肆異人……一六三一
續文獻通考　方士……一六三一

魯應龍括異志　好道拜樹……一六三一
墨莊漫錄　異丐戲術……一六三二
辟寒　異丐　抱黃翁……一六三二
蘇州府志　王省幹宅遇仙丹……一六三二
四川總志　仙女鋪……一六三四
齊東野語　詩人遇仙酒肆……一六三四
幽怪錄　補扇奇跡　賈似道母設雲水齋　賈似道不識眞仙……一六三四
誠齋雜記　賈知微贈丹　崔生遇仙女爲妻……一六三五
輟耕錄　死人再生　李簡易　黑巖山空明洞天……一六三五
衡嶽志　衡山鳥仙……一六三七
袁州府志　伏虎巖二仙……一六三七
明通紀　道士歌……一六三八
異林　安翁遇仙……一六三八
二酉委譚　立化神女……一六三八
藜床瀋餘　啖桃成仙……一六三九
存餘堂詩話　中和堂主人……一六三九
快雪堂漫錄　三仙入月……一六三九

甲乙剩言　詩讖……一六四〇
荊州府志　王相拾蟬……一六四〇
宜黃縣志　白髮道人醫背疾……一六四一
保定府志　夢中啖桃　仙槐……一六四一
金華府志　緇冠騎牛者扣角歌……一六四二
珍珠船　方丈山　扶桑……一六四二
漢陽府志　九仙山飛昇石及煉丹井……一六四二
辰州府志　河上公授經……一六四二
滁州志　槐花洞……一六四二
廣東通志　五仙觀……一六四三

神異典第二百七十卷

……一六四五
神仙部雜錄……一六四五
中鑒　答或問神仙之術　答或問有數百歲人乎　答或曰人有自變化而仙者信乎……一六四五
博物志　成公成仙　老子云　黃帝服神丹　彭祖壽八百解　道書……一六四五
舊唐書　神仙不煩妄求論……一六四六

續博物志　賀元獻浮屠老子像　孔子弟子列仙高士皆七十二人……一六四六
酉陽雜俎　尸解說　句曲山五芝　白日尸解非尸解　寶劍尸解者蟬化上品
　成仙之道　孔子爲元宮仙釋迦爲三十三天仙　莊周爲闈編郎
　鳳腦芝　得地仙之道……一六四七
玉澗雜書　司馬子徽　坐忘論七篇……一六四九
續翰林志　太宗論詞臣實神仙之職……一六五〇
太平廣記　尸解說……一六五一
辨惑論　揚子論諸子說　文中子答長生神仙之道問……一六五一
東坡文集　長壽者與蜉蝣無以異……一六五一
東坡志林　神仙要有定分……一六五一
仇池筆記　論謗　得見仙人必前緣……一六五二
避暑錄話　紫姑神　辨白樂天院　神仙本出於人……一六五三
芥隱筆記　杜牧詩……一六五四
東坡宸奎閣碑銘　得道非有師……一六五四
蒙齋筆談　呂洞賓必有此人……一六五五
東齋記事　洪崖先生有二……一六五五
誠齋雜記　蕭仙無名……一六五六

樂郊私語　廟神徐王爲徐灣之誤……一六五六
文章九命　文章之士稱以仙去理或有之……一六五六
元機通　答或問飛昇有諸……一六五七
鴻苞　辨西王母形狀　道術之士何必萬古只一老子……一六五七
珍珠船　論名位　秦少游遊仙詞　耕耘五德……一六五七
太平清話　麻姑時代不一……一六五八
湖廣通志　辨茉莉夫人……一六五八
神仙部外編……一六五八
拾遺記　西海巨槎……一六五八
搜神記　月中蟾蜍……一六五八
拾遺記　周昭王患心疾　周人殺萇弘　韓房　周羣……一六五九
搜神記　天上玉女……一六六〇
拾遺記　頻斯國……一六六二
虞喜志林　王瑗遇鬼……一六六三
述異記　白水素女……一六六三
續酉陽雜俎　石鏄　衡嶽道士　崔汾……一六六三
異聞實錄　終南山翁……一六六五

紀聞　鄭覽……一六六五
仙傳拾遺　馮大亮皮牛致富……一六六八
瀟湘錄　白鳳銜書……一六六九
神仙感遇傳　韋弁遇仙……一六七〇
太平廣記　唐玄宗夢仙子　孔宣父　隱雲觀　仙桃　君山天酒　鯉魚仙
　費冠卿　紫邏樵叟……一六七一
太平廣記　柳歸舜遊仙境　玉巵娘子　麻婆　馬士良盜靈藥
　玉蕊院眞人降　白鶴仙子　許瀍夢瑤臺……一六七七
談淵　于闐國異寶……一六八四
侍兒小名錄　舜妃廟仙女……一六八五
誠齋雜記　吳綵鸞洩天機……一六八六
瑯嬛記　謝臨風授書　生生二肆之符　顯色天膏　英妃未遇仙時腋下生毛
　蓬萊仙茶　榆樹名源　天狗……一六八六
永明縣志　仙人跡……一六八八

第一輯 第29冊 大千圖說 附錄 第2種

（新編）大千圖說目錄

作者生平誌略……二
重刊大千圖說序……三
大千圖說序……
敍……一〇
自序……一三
上卷……一七
凡天地之數五十有五此所以成變化而行鬼神也……一七
神也者妙萬物而爲言者也……一九
子曰務民之義敬鬼神而遠之可謂知矣……二一

大千圖說緣起……二三
大千圖說凡例……三一
大千圖說總論……三五
上界論……四一
上界目錄……四三
大羅天……四五
極樂天……四九
玉清天……五三
上清天……五七
太清天……六一
金母天……六五
木公天……六九
水精天……七三
赤精天……七七
黃老天……八一
彌羅天……八五
玉樞天……八九

天仙上天……九三
天仙中天……九七
天仙下天……一〇一
金仙上天……一〇五
金仙中天……一〇九
金仙下天……一一三
神仙上天……一一七
神仙中天……一二一
神仙下天……一二五
阿修羅各部……一二九
金仙天仙數目表……一三三
神仙數目表……一三四

中卷

中卷……一三七
中界論……一三七
中界目錄……一三八
紫微星系……一三九

紫微星論……一三九
　紫微星系總論……一四一
　紫微星系全圖……一四三
　北斗星……一四六
　南斗星……一四八
　東斗星……一五〇
　西斗星……一五二
　中斗星……一五四
　紫微系諸星大小地質衛星山水一覽表……一五六
　二十八宿各星星君……一八七
衆星系……一九五
　衆星系總論……一九五
　太陽星系……一九八
　　太陽星論……一九八
　　太陽系總論……二〇一
　　水星……二〇五
　　金星……二〇八

地球星……………………………………二一〇
火星……………………………………二三一
木星……………………………………二三三
土星……………………………………二三五
天王星……………………………………二三七
海王星……………………………………二三九
彗星……………………………………二四一
北極星系……………………………………二四三
北極星論……………………………………二四三
北極星系總論……………………………………二四五
北極星系全圖……………………………………二四六
太尊星……………………………………二四七
三師星……………………………………二四九
天床星……………………………………二五一
搖光星……………………………………二五三
天舍星……………………………………二五五
天牢星……………………………………二五七

內階星……二五九
天虹星……二六一
南極星系……二六三
南極星論……二六三
南極星系總論……二六五
南極星系全圖……二六六
天笛星……二六七
天鐘星……二六九
天鼓星……二七一
天簫星……二七三
天答星……二七五
天竽星……二七七
天樂星……二七九
天竿星……二八一

下卷

下卷……二八三
下界論……二八三

下界目錄

孽鏡臺……二九一
刀山獄……二九三
黑暗獄……二九五
剝皮獄……二九七
抽腸獄……二九九
火坑獄……三〇一
血池獄……三〇三
車裂獄……三〇五
拔舌獄……三〇七
寒冰獄……三〇九
幽枉獄……三一一
油鍋獄……三一三
酆都獄……三一五
磨推獄……三一七
碓搗獄……三一九
脫殼獄……三二一

弔筋獄……三二三
秤杆獄……三二五
阿鼻獄……三二七
轉輪獄……三三三
幽冥王各屬……三四一
自跋……三五七
跋（陳鴻藻）……三六〇
跋（劉長祥等）……三六一

第一輯
第30冊

破除迷信全書

附錄
第3種

（新編）破除迷信全書目錄

破除迷信全書序……三

（原）破除迷信全書目錄……五—二八

卷一　風水……二九—八二

壹　開篇……二九

貳　古時葬不擇地……三一

叁　帝王的流毒……三三—四二

（一）殉葬……三三

（二）秦始皇……三四

（三）朱溫……三六

（四）明太祖……三七
肆　附會的種種謬說……四二—六二
（一）李自成……四二
（二）毛相國……四四
（三）瞎說瞎聽……四六
（四）術語……四七
（五）陽武侯……四九
（六）兄弟相持……五一
（七）管輅……五四
（八）羊祜……五五
（九）尤時亨……五七
（十）邱延翰……五八
（十一）智興……六〇
（十二）黃撥沙……六一
伍　邪書……六二
陸　帝王迷信……六五—六七
（一）晉明帝……六五

（二）唐明皇……六六
（三）明永樂……六七
柒　明達的古人……六七—七一
（一）司馬光……六八
（二）程明道……六九
（三）趙興……七〇
（四）呂才……七〇
（五）項橋……七一
捌　風水原爲勸忠孝……七一—七二
（一）李龍圖……七一
（二）孫鍾……七二
玖　各等葬法……七三—八二
（一）露葬……七三
（二）公葬……七五
（三）停葬……七七
（四）運柩……七八
（五）火葬……七九

拾　結論……八〇

卷二　卜筮……八三—一三四

壹　卜筮的由來……八三
貳　卜筮的種類……八五
叁　讀古人書……九〇—九六
（一）卜筮的官僚……九一
（二）作惡的不遵占卜……九二
（三）明達的不信占卜……九三
肆　賤看卜筮的……九六
伍　聖賢也要卜筮……一〇〇
陸　卜筮的種類謬說……一〇三—一一六
（一）齊文襄占雨……一〇三
（二）杜生占逃奴……一〇四
（三）淳于智占錢窖……一〇四
（四）龔某占窖金……一〇六
（五）管輅占逃妻……一〇六

（六）淳于智占塌屋……一〇七
（七）郭璞占雷電……一〇八
（八）買卜爲一癡……一〇八
（九）占出四位宰相……一〇九
（十）郭璞占病……一一〇
（十一）垣下生占及第……一一一
（十二）錢智微占買橋……一一二
（十三）管輅占失火……一一三
（十四）許曼占前程……一一四
（十五）敬仲占娶妻……一一五
柒　假托占卜舉大事……一一六—一三一
（一）明太祖……一一六
（二）唐太宗……一一八
（三）李自成……一一九
（四）石敬塘……一一九
（五）漢文帝……一二〇
捌　卜筮的流毒……一二二

玖　神道設教麽？……一二五
拾　結論……一三一

卷三　看相

……一三五—一八四
壹　引言……一三五
貳　非相……一三七
叁　謬傳……一四〇—一七六
（一）劉邦……一四一
（二）李世民……一四二
（三）叔魚……一四三
（四）商臣……一四四
（五）越椒……一四四
（六）武則天……一四五
（七）趙匡胤……一四六
（八）王莽……一四七
（九）班超……一四八
（十）韓信……一四九

（十一）周亞夫……一五〇
（十二）魏王豹……一五〇
（十三）蔡澤……一五二
（十四）英布……一五二
（十五）衞青……一五三
（十六）翟方進……一五四
（十七）陶侃……一五四
（十八）竇軌……一五五
（十九）歐陽修……一五六
（二十）王敬則……一五六
（二十一）勾踐……一五七
（二十二）桑維翰……一五七
（二十三）岑文本……一五八
（二十四）陳去非……一五九
（二十五）管輅……一五九
（二十六）李太后……一六〇
（二十七）李嶠……一六一

（二十八）甘卓……一六三
（二十九）鄧颺何晏……一六三
（三十）節度使夫人……一六四
（三十一）牛僧儒……一六五
（三十二）陳搏麻衣道人……一六五
（三十三）揣骨……一六九
（三十四）賈衆妙……一七〇
（三十五）楊元琰……一七〇
（三十六）呂僧珍……一七一
（三十七）王珣……一七一
（三十八）傅咸……一七二
（三十九）錢鏐……一七二
（四十）姚廣孝 袁珙……一七三
（四十一）相氣……一七四
（四十二）相笏……一七五
（四十三）相印……一七五
肆 眞相……一七六—一八二

（一）韋挺……一七六
（二）東方朔……一七七
（三）桓溫……一七八
（四）絜廬……一七八
（五）嵐光……一八一
伍　結論……一八二

卷四

垂象……一八九—二四〇
壹　引言……一八五
貳　實用……一八七
叁　誤會……一八八—二一〇
（一）夏桀時……一八八
（二）成湯時……一八九
（三）周成王……一九〇
（四）周莊王時……一九一
（五）周顯王時……一九三
（六）周赧王時……一九四

（七）漢惠帝時……一九四
（八）漢文帝時……一九五
（九）漢昭帝時……一九六
（十）漢成帝時……一九七
（十一）楚昭王時……一九七
（十二）王莽時……一九八
（十三）漢光武時……一九八
（十四）漢桓帝時……一九八
（十五）漢靈帝時……一九九
（十六）漢後帝時……二〇〇
（十七）晉惠帝時……二〇〇
（十八）晉愍帝時……二〇一
（十九）晉孝武帝……二〇一
（二十）劉裕時……二〇二
（二十一）唐太宗……二〇三
（二十二）朱全忠時……二〇五
（二十三）趙匡胤時……二〇六

(二十四)王安石……二〇七
(二十五)宋徽宗時……二〇七
(二十六)忽必烈時……二〇八
(二十七)元順帝時……二〇八
(二十八)天理教……二一〇
肆　星命……二一〇—二二九
(一)李虛中……二一〇
(二)星官……二一一
(三)星神……二一二
(四)星使……二一二
(五)張果……二一四
(六)張得象……二一五
(七)醉醒子……二一五
(八)吳萊……二一六
(九)王處納……二一六
(十)絡繹賦……二一七
(十一)戲話……二一七

(十二)林虎……二一八
伍　論調……二一九—二二五
(一)陶淵明……二一九
(二)周傑……二一九
(三)呂才……二二〇
(四)韓退之……二二一
(五)宋濂……二二二
(六)忠彥……二二二
(七)老圃……二二三
陸　伎倆……二二五
柒　分辯……二二八—二四〇
(一)關於日者……二二八
(二)關於星者……二二九
(三)關於風者……二三一
(四)關於雲者……二三一
(五)關於雷者……二三四
(六)關於雨者……二三五

（七）關於露者……………………二三六
（八）關於雹者……………………二三六
（九）關於霧者……………………二三七
（十）關於虹者……………………二三八
捌　結論……………………二三九

卷五　成佛

……………………二四一——二九四
壹　楔字……………………二四一
貳　歷史上的佛像……………………二四三——二七二
（一）漢明帝……………………二四三
（二）晉孝武帝……………………二四六
（三）魏太武帝……………………二四七
（四）蕭子良……………………二四八
（五）魏胡太后……………………二四九
（六）晉安帝……………………二五〇
（七）梁武帝……………………二五一
（八）宇文覺……………………二五二

（九）楊堅……二五三
（十）唐高祖……二五三
（十一）唐太宗……二五四
（十二）唐代宗……二五六
（十三）唐憲宗……二五七
（十四）韓愈……二五八
（十五）唐武宗……二六〇
（十六）唐宣宗……二六一
（十七）唐懿宗……二六二
（十八）宋太宗……二六二
（十九）宋眞宗……二六三
（二十）宋度宗……二六四
（二十一）忽必烈……二六五
（二十二）明永樂帝……二六六
（二十三）武則天……二六七
（二十四）明太祖……二六七
（二十五）明建文帝……二六八

(二十六)元順帝……二七一
叁　佛經的怪誕……二七二
肆　成佛的生涯……二七五
伍　結論……二七六——二九一
(一)虛無的……二七六
(二)失意的……二七九
(三)爲我的……二八一
(四)亡國的……二八四
(五)死人的……二八七
(六)消極的……二八八
附錄　袁枚對於佛教的論調……二九一

卷六　成仙

……二九五——三五〇
壹　事實……二九五——三二六
(一)秦始皇妄想……二九六
(二)張良從赤松子遊……二九七
(三)漢武帝受愚……二九八

（四）王褒諫漢宣帝……三〇六
（五）寇謙之的圖籙眞經……三〇七
（六）老子認李淵爲一家……三〇八
（七）唐太宗强迫臣下當道士……三一〇
（八）唐明皇前後矛盾……三一〇
（九）方士柳泌作縣知事……三一四
（十）金丹毒死兩皇帝……三一五
（十一）大臣被貶……三一七
（十二）林靈素得寵……三一八
（十三）張三手作怪……三二一
（十四）嘉靖帝至死不悟……三二二
（十五）山人……三二四
貳　謬說……三二六——三四五
（一）黃石公……三二六
（二）老子……三二九
（三）安期生……三三二
（四）彭祖……三三三

(五)西王母……三三四
(六)衞叔卿……三三五
(七)八仙小史……三三六
(八)東方朔……三四〇
(九)陳搏……三四一
(十)張天師……三四一
(十一)葛洪……三四二
(十二)張仙……三四四
叁 食品……三四五
肆 結論……三四七

卷七 妖祥……三五一——四〇六

壹 引言……三五一
貳 祥瑞……三五二——三七七
(一)鳳凰……三五二
(二)麒麟……三五五
(三)誕生……三五九

(四)蓂莢……三六〇
(五)九鼎……三六〇
(六)蜚廉……三六一
(七)醴泉……三六一
(八)銅雀……三六三
(九)瑞石……三六三
(十)瑞人……三六四
(十一)瑞語……三六五
(十二)瑞湖……三六六
(十三)靈芝……三六七
(十四)瑞雪……三六八
(十五)瑞雲……三六九
(十六)瑞物……三六九
(十七)卿雲歌……三七一
(十八)瑞雨頌……三七一
(十九)瑞石壇……三七一
(二十)玉甕……三七二

（二十一）神爵……三七二
（二十二）瑞麥……三七二
（二十三）嘉禾……三七二
（二十四）華蓋……三七三
（二十五）金芝……三七三
（二十六）甘露……三七四
（二十七）瑞蛇……三七五
（二十八）黃河清……三七六
叁　妖異……三七七——四〇四
（一）龍涎……三七七
（二）龍……三七九
（三）蛇……三八三
（四）火牛……三八四
（五）邯鄲姬……三八五
（六）山鬼……三八六
（七）湘君……三八六
（八）斬蛇……三八七

(九)蒼犬……三八八
(十)頑石僵柳……三八八
(十一)霍光奪璽……三八九
(十二)王宇灑血……三八九
(十三)寄奴王者……三九〇
(十四)射妖被刺……三九一
(十五)臨平湖開……三九一
(十六)鎭妖滅族……三九三
(十七)武則天……三九三
(十八)蝗蟲……三九五
(十九)安祿山……三九六
(二十)陳平奇計……三九八
(二十一)妖書……三九九
(二十二)陳勝吳廣……四〇〇
(二十三)忽必烈……四〇〇
(二十四)照妖鏡……四〇〇
(二十五)人妖……四〇一

（二十六）子產……四〇二
（二十七）河妖……四〇二
（二十八）井妖……四〇三
肆　結論……四〇四

卷八　左道……四〇七——四九〇

壹　引言……四〇七
貳　特別左道……四〇八——四五二
（一）白蓮教……四〇八
（二）天理教……四一三
（三）義和團……四一三
（四）八卦教……四一九
（五）在理教……四二〇
（六）黃天教……四二〇
（七）白衣會……四二二
（八）哥老會……四二三
（九）三合會……四二四

（十）環球道德會……四二五
（十一）世界宗教大同會……四二六
（十二）同善社……四五〇
叄　取締文告……四五二——四五五
（一）江蘇省令……四五二
（二）公民呈文……四五四
肆　普通左道……四五五——四八八
（一）巫蠱……四五五
（二）讖緯……四五七
（三）射覆……四五八
（四）冥器……四六〇
（五）迎神賽會……四六四
（六）朝山禮佛……四六八
（七）吃素……四七二
（八）降龍伏虎……四七四
（九）呼風喚雨……四七四
（十）奇門遁甲……四七七

(十一)縮地鞭……四七八
(十二)壺公……四七九
(十三)走無常……四七九
(十四)鄉人儺……四八一
(十五)圓光……四八一
(十六)禁咒……四八二
(十七)厭勝……四八三
(十八)招魂……四八三
(十九)鍾馗……四八四
(二十)邪醫……四八六
伍 結論……四八八
附錄 今之左道(老圃)……四八九

卷九 邪說

……四九一——五四六
壹 引言……四九一
貳 人物……四九二——五〇四
(一)盤古……四九二

(二)女媧……四九三
(三)龍女……四九三
(四)龍子……四九四
(五)盧眉娘……四九七
(六)痲姑……四九七
(七)覇先做夢……四九九
(八)楊堅降生……五〇〇
(九)道成相貌……五〇一
(十)九天玄女……五〇二
(十一)月老……五〇二

叁　節令

節令……五〇四——五三一
(一)新歲……五〇四——五〇七
(1)爆竹……五〇四
(2)屠蘇酒……五〇四
(3)避兵灰……五〇五
(4)決八風……五〇五
(5)却鬼丸……五〇五

(6) 人日……五〇六
(7) 水餃……五〇六
(二) 送窮日……五〇七
(三) 社日……五〇七
(四) 上巳日……五〇八
(五) 寒食……五〇九
(六) 端午……五一〇——五一四
(1) 龍舟競渡……五一〇
(2) 長命縷……五一一
(3) 艾蒜菖蒲……五一一
(4) 地臘……五一一
(5) 生日……五一二
(6) 殺韃子……五一三
(七) 七夕……五一四——五一六
(1) 織女牛郎……五一四
(2) 種生……五一五
(3) 晒衣……五一五

（八）中元……五一六
（九）中秋……五一九—五二〇
（1）嫦娥奔月……五一九
（2）月中桂……五二〇
（3）月中兎……五二〇
（十）重陽……五二〇

肆　器物

器物……五二一—五三三
（一）秦鏡……五二一
（二）鏡聽……五二三
（三）鐵牛……五二三
（四）蟠桃……五二四
（五）星槎……五二五
（六）聚寶盆……五二六
（七）泥馬……五二八
（八）青蚨……五二九
（九）喜鵲……五二九
（十）雞卜……五三〇

（十一）九尾狐……五三一
（十二）九頭鳥……五三一
（十三）石言……五三二
伍　地域……五三二——五三七
（一）五嶽……五三三
（二）瑯嬛福地……五三五
（三）望夫山……五三六
（四）望夫石……五三七
陸　其他邪說……五三七——五四四
（一）旱魃……五三七
（二）江潮……五三九
（三）溺人井……五四〇
（四）走百病……五四一
（五）說鬼……五四二
（六）動土……五四三
（七）煉丹……五四四
柒　結論……五四四

卷十　多神……五四七—六〇〇

壹　引言……五四七
貳　大神……五四八—五五六
（一）天地……五四八
（二）五帝……五五〇
（三）太歲……五五一
（四）閻羅……五五三
（五）八蜡……五五三
（六）城隍……五五四
（七）土地……五五六
叁　河海神……五五六—五六六
（一）河伯……五五七
（二）金龍四大王……五六一
（三）洛神……五六三
（四）張大帝……五六三
（五）天后……五六四

(六)湘君……五六五
肆　泰山神……五六六——五六九
(一)泰山府君……五六六
(二)碧霞元君……五六六
(三)石敢當……五六八
伍　佛道神……五六九——五七四
(一)觀音……五六九
(二)菩薩……五七一
(三)靈官……五七二
(四)韋馱……五七三
陸　家庭神……五七四——五七九
(一)灶神……五七四
(二)門神……五七六
(三)神荼鬱壘……五七七
(四)廁神……五七八
(五)紫姑……五七九
柒　雜神……五七九——五九九

（一）雜神……五七九
（二）伏魔大帝……五八一
（三）財神……五八一
（四）利市仙官……五八五
（五）喜神……五八六
（六）凶神……五八七
（七）火神……五八八
（八）神女……五八九
（九）路神……五九〇
（十）開路神……五九一
（十一）五通……五九二
（十二）淫祠……五九三
（十三）二郎神……五九三
（十四）巨靈……五九四
（十五）陳寶……五九四
（十六）眞武……五九五
（十七）蛇神……五九六

後記

王秋桂

本輯主要收仙傳或有關神仙考證的資料十七種，附錄三種。其中大部份僅存孤本於國內、外圖書館或私人藏書家。資料搜集費時良久。其中有些見於著錄，但多年來一直不可得，而幾乎已放棄希望。如《新編連相搜神廣記》僅見傅增湘《藏園羣書經眼錄》著錄及鄭振鐸《中國古代版畫叢刊》中的書影。一直到民國七十六年八月的明代戲曲小說國際研討會上，才從大塚秀高先生處得知有影本可得。又如李調元的《新搜神記》也久聞其名而未見其書。在普林斯頓大學服務期間，見呂宗力先生等編的《中國民間諸神》(河北人民出版社，一九八六年出版)徵引。經去信詢問，蒙呂先生賜寄袁行雲先生等抄本的影本，才一了夙願。再如《鑄鼎餘聞》，也是數年來在國、內外圖書館遍尋不著的書。牛津大學龍彼得教授年前取得影本，卽刻賜寄一份。附錄二《大千圖說》是本輯編成之後才承周純一先生檢示。該書在體例上雖與本輯專題不符，但因保存了有趣的民間信仰資料，值得本彙編收入，因此附於本輯。基於同樣的理由，我們也把目前已經很難得到的《破除迷信全書》收列爲附錄三。

整個彙編的構想曾和陳慶浩先生和李豐楙先生詳細討論過，承他們賜予寶貴的意見。李豐楙先生

並爲本輯各書撰寫提要，訂補缺漏。王國良先生校訂重排《釋神》和《新搜神記》中的「神考」兩卷。周純一先生協助整理全輯各書，編列目錄及頁碼。李豐楙先生和林月仙女士編列索引。在此一併致謝。最後要感謝學生書局的鮑家驊先生和黃新新小姐。沒有他們的鼓勵和支持，我的構想不可能實現。